Cités à comparaître

DU MÊME AUTEUR

Discriminez-moi ! Enquête sur nos inégalités, Flammarion, 2005

Karim Amellal

Cités à comparaître

roman

Stock

1

Ma profession c'est terroriste et ma vie elle se termine comme ça. Par une coupure dans les journaux :

> **Un terroriste reconnu coupable de la mort de douze personnes dans un attentat à la bombe à Paris.**
>
> Un jeune intégriste, sans doute d'origine algérienne, fortement soupçonné d'appartenir au réseau Al-Qaïda et à l'entourage proche d'Oussama Ben Laden, a été jeudi reconnu coupable d'avoir participé à un attentat à la bombe dans le XVIe arrondissement de Paris. [...] Il a été condamné à la prison à perpétuité.

On n'apprend pas assez aux enfants ce que c'est qu'un terroriste, je trouve. Du coup tout le monde croit que c'est qu'un enculé, en général un Rebeu qui fait que buter des gens. Peut-être que c'est vrai mais comme dit le dico je trouve que c'est un peu réducteur. Le dico il dit aussi qu'un terroriste c'est quelqu'un qui sème la terreur partout où il passe. Comme le Petit Poucet avec ses cailloux qu'il balance par terre, quoi. Je suis exactement comme ça moi. Un putain de Poucet.

J'ai souvent des visites en prison. Surtout des psys qui veulent me rencontrer. J'en ai une en particulier. On me l'a commise d'office. Elle raconte partout qu'elle est ma pote et que je suis son déglingué du crâne. C'est un maton qui me l'a dit. Il la trouve bonne lui aussi et il aurait bien envie de lui mettre sa matraque dedans. Il m'a dit ça aussi sérieux je mitone pas. Faut dire qu'elle a des bons seins. Elle devrait me les montrer plus souvent sans l'emballage si possible et peut-être qu'après je répondrai mieux à ses questions. À cause de ma sale réputation elle flippe direct quand je rentre dans son bureau. C'est comme si je pénétrais un peu dans son intimité quoi. Alors elle serre bien les fesses. Je crois qu'elle s'imagine que je vais la fumer juste parce que je suis un terroriste. Elle a l'air d'en savoir plus que moi à ce sujet. Ce que j'ai surtout envie de lui dire c'est que j'aime bien ses yeux parce que je sais pas pourquoi, je sens qu'ils sentent l'amour comme s'ils avaient envie que je les emballe dans une capote.

Des terroristes y en a des tas aujourd'hui. C'est la concurrence. La compétition. La loi de l'offre et de la demande. La mondialisation même comme on dit à la télé. Tout le monde en parle sans arrêt. C'est à la mode. Je suis sûr que bientôt Ardisson en recevra des tas sur son plateau. Entre deux bombes. Des meufs, je veux dire. « Magnéto Serge » il dira et il lâchera ses questions. Par exemple : « Tu sais ce qu'elle est devenue Tabata Cash ? – Elle était bonne cette salope, il répondra le terroriste, elle m'a excité quand j'étais gosse. – Elle t'excite toujours ? – Ouais, d'ailleurs là je bande. » Et ensuite Ardisson il passera aux choses sérieuses : « Combien de fois t'as fait l'amour depuis que t'as quinze ans ? – Ben je sais pas, il répondra le terroriste. Pas beaucoup de fois. » Et là Baffie dira : « Ben allez, dis-le que t'es puceau ! » Et le terroriste il aura envie de leur péter la gueule à tous mais il se retiendra à cause des caméras. Ça fout les boules les caméras. Même à un terroriste. Peut-être à cause des mères qui peuvent regarder.

Tout est gris partout dans mes yeux. C'est clair que j'ai toujours été gavé d'obscurité. Là-dedans, à l'intérieur de mes yeux qui sont déjà tout noirs. Ça facilite pas les choses d'avoir les yeux noirs. D'ailleurs je crois que cette sale histoire a commencé par un trop-plein d'obscurité. Et puis un jour on m'a éclaté une allumette sous le nez et alors là ça a pété. Comme une étincelle dans une soupe de Super. Ça m'a cogné la tête. Ça a plombé tout le monde faut dire. La baston de la lumière quoi. Mais après, y a eu une grande panne générale et j'ai replongé direct dans la grande obscurité de ma life, le tunnel. C'est long un tunnel quand on est à pied. Et puis les flics sont arrivés et ils m'ont mis les menottes malgré que je leur hurlais dessus que mes poignets ils étaient fragiles comme de la porcelaine de Sarcelles.

Mais faut pas croire, moi aussi quand j'étais gosse je voulais être flic. Moi aussi. Tous les gosses rêvent de ça un jour en matant *Rick Hunter* ou *Starsky et Hutch* le dimanche sur TF1, pas vrai ? Y avait *Hooker* aussi. Lui il prenait grave la tête mais y avait la blonde avec des énormes seins qui taffait dans le même commissariat. C'était sa fille ou sa cousine ou pas loin. Elle était complètement au top avec l'uniforme et la casquette emmêlée dans ses longs cheveux blonds. Dommage qu'on l'ait pas vue à poil un petit peu. Au moins un épisode. Allez quoi. Bref tous ces keufs-là je les kiffais bien à la télé. Du coup un jour j'ai demandé à l'un de mes beaux-pères de passage une panoplie d'agent de police. Mais il me l'a jamais rapportée, la panoplie. Il m'a noyé dans ses mitos. C'est peut-être pour ça que je suis passé de l'autre côté de la ligne rouge qui flotte à la surface du monde et que maintenant tout ce que j'ai gagné, c'est le droit de faire des longueurs dans la cour de la prison. Ça fait mal de nager dans le béton mais le béton et moi on est des vieux potes. Des amoureux même, tellement ça fait longtemps qu'on se chauffe.

Toute ma vie j'ai ciré le banc, j'ai usé le béton pour passer le temps. Toute ma vie. Comme un loser, comme un lascar, comme un sheitan[1], comme un enfoiré de salopard. J'ai la racaille dans les veines, le poison dans la chair et de la merde partout ailleurs, c'est clair. Ça m'habite comme le cœur ou les poumons, ça me lâche pas. La vermine pond ses œufs au fond de moi comme dans *Alien*. C'est moi l'Alien de la France, je suis là, quelque part au fond du trou. Je fais flipper les vieilles dames mais j'habite là moi aussi. Je suis pas un extraterrestre. C'est tout ce pays qui m'a enfanté.

1. Diable en arabe.

2

Je crève d'envie de raconter toute l'histoire mais pour l'instant y a rien qui sort et tout ce que je peux dire c'est que j'ai un grand vide dans l'estomac. C'est pas la faim qui me creuse. C'est la peur sous la peau dans le parking de mon ventre. Putain, tout ça c'est comme si y avait des extraterrestres qui m'avaient programmé depuis qu'on m'a posé les fesses dans le berceau. Je fais peut-être partie d'un plan secret des militaires ou de la CIA. Ça arrive dans les films ces trucs-là. Un mec vit sa vie, tout va bien, il a des gosses et tout le reste et puis au bout d'un moment il comprend qu'il est juste une marionnette et que c'est des big boss planqués quelque part dans les étoiles qui tirent les ficelles de sa life. Alors le mec il pète un câble et le film il commence comme ça.

Moi je trouve que c'est difficile de devenir un

homme quand y a personne pour vous filer un coup de main.

Dans la cité, quand j'étais dehors j'arrivais pas à décoller mes yeux des barres et des tours qui plombaient mon décor. Ils ont joué aux Lego avec nous les politicards. Ils nous ont mis de la superglu sur le cul pour pas qu'on se tire de là. Alors nous on a commencé à se tirer dessus, à tirer partout, à tirer sur tout pourvu que ça bouge. Mais ça a jamais bougé, putain. Tout ça c'est du gâchis. Ça fout la rage et ça donne envie de tout cramer, tout, tout. Tous ceux qui sont pas comme nous, tous ceux qui sont ailleurs, tous ceux qui ont pas le cul collé sur des dalles de béton.

Moi j'étais pas dans mon élément là-dedans. La faune de la cité ça me fait penser à *Jurassic Park* mais sans Spielberg pour gueuler aux acteurs d'arrêter les bastons. Moi, je voyais partout des paquets de gros animaux comme dans la préhistoire. Je me souviens plus de leurs noms à tous. Et tous ces animaux, ils voulaient m'attraper et m'enfoncer tout entier dans leurs gros culs. Alors j'étais obligé de me cacher. Je rasais les murs. Je me montrais pas. Je me terrais dans les caves et traquais la came et la crame qui arrivaient au bout du trou. Je les squattais et elles étaient à moi, ces caves. Ma parole je m'y sentais même mieux que chez moi. C'était peut-être le seul endroit au monde où je me sentais à la maison. Mais même en prison, parfois, je me sens mieux que chez moi avant. Ça tombe bien parce qu'une fois qu'on y est on n'en bouge plus. *Coupez, c'est dans la boîte !* il aurait dit Spielberg.

Avant la bombe, le feu, les étincelles, les morts et la télé, les gens dans la rue ils me regardaient pas, ils me calculaient pas. Ils m'évitaient ou alors ils passaient à côté comme ils font avec ceux qu'ont le sida, les bâtards. Une fois, une vieille meuf a ancré ses yeux dans mon style et elle a pas lâché mon survêt pendant au moins cinq minutes. C'était à Paname, je sais plus où exactement. Elle était avec une cousine à elle. Une autre vieille ridée comme une couille. Et ensuite elles se sont regardées toutes les deux et puis elles se sont marrées. J'avais jamais vu deux vieilles couilles se marrer. Et moi je suis resté planté devant elles, comme un crevard. Je savais pas quoi foutre. C'est vrai que j'avais un drôle de style quand j'étais gosse: je voulais ressembler à Tupac, le rappeur des States qui s'est fait buté à cause de ses combines. La star quoi. J'avais tout le matos pour être au top. Sauf la couleur de peau. Je suis blanc comme un cadavre recouvert de coke ! Bref. Alors les deux vieilles couilles recouvertes de chapeaux et de dentelles, je leur ai craché dessus. Un gros mollard. Sérieux j'avais la rage. Elles ont crié leurs mères qu'il fallait qu'elles se fassent désinfecter à l'hôpital. Elles se sont barrées en s'essuyant les rides avec des mouchoirs à la chlorophylle. Moi, je leur aurais bien pissé dessus aussi mais je flippais de montrer mon zguègue dans la rue. Les autres meufs, les bonnes, elles m'auraient pris pour un pervers vu comme elles ont l'esprit mal placé. Mais j'étais qu'un traîne-baskets sur le bitume. En attendant que la bonne étoile elle me tombe sur la tête.

L'école, j'ai vite capté que pour moi c'était du temps perdu. Les profs voulaient tout le temps mater mes parents, et quand je leur disais que j'en avais presque pas, ils me prenaient pour un mito. J'aimais bien le français pourtant. J'étais gavé de français en vrai mais personne le savait. C'est bien pour ça, le rap, ça apprend des mots pour se fritter avec. Pour dépasser les maux aussi. Je suis plus thuné que la moyenne en vocabulaire. C'est vrai que j'ai pas été à l'école autant que les ministres, mais je connais des mots qu'ils connaissent pas. Enfin pas tous, c'est vrai.

Mes mots, j'ai toujours eu envie de les lâcher sur une feuille pour écrire des chansons. Dans la cité poète ça se dit rappeur. Et sortir des paroles avec des rimes et de la déprime ça fait grave kiffer les meufs. Mais j'avais pas toujours la mélodie du style. Mes profs disaient que je faisais plein de fautes d'orthographe. Moi je leur disais que l'orthographe c'est pas trop grave. Ce qui compte c'est ce que les mots veulent dire quand on les aligne. Mais ils étaient pas d'accord. Ils disaient que j'étais juste un cancrelat qui allait devenir une racaille. Ils regardaient trop la télé je crois parce que y en a plein qui disent ça à la télé. C'est là où y a des amalgames. Et moi je suis juste le résultat d'un milliard d'amalgames en série. Comme une putain de ligne d'écriture.

Je me souviens d'un prof surtout. Celui-là je sais pas pourquoi, il a toujours été persuadé que j'allais devenir un mec important. Dans l'autre sens. Son domaine, c'était la physique. Il avait une grosse moustache et quand j'arrivais en retard à cause du bus, il me demandait si j'avais fini d'écouler tout mon stock et si j'allais pouvoir expliquer aux autres comment on coupe la dope. Le chimiste, il m'appelait ! C'est vrai que j'aurais pu devenir un gros dealer. J'étais fort en barrettes de shit. Et comme un tas de profs me prenait déjà pour Tony Montana, un jour je me suis dit qu'ils avaient peut-être pas tort. Que de toute façon y avait rien à en tirer de l'école et qu'ils allaient me foutre comme les autres dans les classes poubelles qui ramassent les petites ordures que personne ne veut parce que ça fout trop la honte. Nous, on finit toujours à la poubelle. Alors c'est là que j'ai cédé à la tentation de la rue. Je suis moins fort qu'Ulysse moi. En partant j'ai pas oublié de dire à mon prof de physique d'aller se faire enculer avec ses éprouvettes. Sa moustache a fait une drôle de gueule. Elle a failli tomber dans l'acide.

Si je fais l'addition l'école ça m'a servi qu'à apprendre des équations nazes qui servent à rien pour le business de la life. Moi, je connais personne qui peut faire du bénèf avec le théorème de Pythagore. Et la France, à quoi ça sert de savoir où elle est sur une carte du monde si on nous dit pas ce que ça fait d'être céfran ? Mais enfin bon, y a pas que moi qui me pose ces questions et jusque-là personne a été capable de répondre. Cela dit, je sais quand même lire, écrire et compter. C'est l'essentiel pas vrai ? Mais je jure sur la tête de Jean-Pierre Foucault qui maque les millions sans avoir le bac que savoir tout ça dispense pas de poser des bombes et de retenir la place qu'on veut pour sa tombe.

Je repense à mon ancien bahut quand même parfois. Il était triste comme les hangars du Bourget où on fait pourrir les vieux cadavres volants. C'étaient deux grosses barres de contreplaqué balancées en plein milieu de la cité. Twix on les appelait à l'époque, les deux doigts qui coupent la faim de tout et surtout de l'école. Pourquoi ils ont construit des écoles au milieu des trous à rats ? Je sais pas. Ça fait rien de plus qu'attirer les rats et on sait bien que les rats quand ils sont entre eux, ils déglinguent un cadavre à la vitesse d'une Porsche Boxster sur le périph. Mais les ministres qui s'occupent de nos cités, ils fabriquent les problèmes et après ils ouvrent leurs gueules parce que les rats leur sautent à la gorge. C'est mon avis. Moi les jours où j'allais en cours, j'avais un sale goût amer qui me pourrissait la bouche jusque dans la nuit.

J'avais pas trop de potes à l'époque. Des potos on appelle ça aujourd'hui. Je sais, je suis un peu dépassé par le bouleversement du vocabulaire. Je me fais vieux. Bon, donc tout le monde passait à côté de ma gueule sans voir qu'elle était posée juste là, au milieu d'eux. Y avait quand même Kader et Benoît. Eux, c'étaient de bons potos. On s'entendait pas mal. On bouffait des petits salés aux lentilles ensemble à la cantine. Pas Kader parce que sa religion le stoppait net au niveau du petit salé. Il bouffait que les lentilles mais elles avaient le même goût que le salé. Aucun d'entre nous n'a été jusqu'au lycée. De toute façon les profs s'étaient arrangés pour nous faire retaper toutes les classes deux fois minimum histoire qu'on dépasse la limite d'âge avant de passer la porte du lycée. La troisième, je me la suis tapée trois fois et chaque fois on m'a bourré le cul avec la Révolution russe. Au bout du compte quand t'arrives au grand soir, tu comprends qu'il vaut mieux dégager sinon c'est toi qui vas faire Octobre rouge dans la face du prof d'histoire. Donc on s'est tous fait la malle et on a atterri dans la rue. Et si je me rappelle bien, c'est là qu'elle avait eu lieu la Révolution russe, non ?

Kader il ressemblait un peu à Djamel Debbouze. En plus grand et moins blindé d'oseille surtout. C'était pas un marrant non plus. Mais il avait la même tête. Il est mort y a un bout de temps maintenant. Il s'est fait la malle sans trop le vouloir. C'est une balle tirée à bout portant qui l'a aidé à filer. Embrouille de shit. La BAC s'amène et sème la haine sur le macadam. Pour la balle qu'a shooté Kader, un kisdé[1] a dit qu'il avait pas fait gaffe, que c'était une erreur et pas sa faute mais que quand même, Kader, au fond il le méritait bien. En tout cas le Kader il a fini dans un drap blanc taillé sur mesure et pour l'enterrement ils avaient organisé une marche dans la cité. Elle devait être silencieuse au départ. Mais wallah, quand la mère de Kader a commencé à pleurer, tout le monde a foutu le dawa[2]. Moi, je suivais ça de mon balcon. Tout d'un coup, le cortège il a volé en éclats. Des bastons ont démarré un peu partout mais là les kisdés sont pas venus, faut pas abuser. Les polos Lacoste déchirés par les balles, c'est entre nous qu'on les lave dans la cité. Avant de les faire sécher sur les

1. Un flic.
2. Bordel, désordre en arabe.

dalles. Et tout d'un coup la mère de Kader, elle s'est mise à hurler et tout le monde s'est arrêté net. Le respect, normal. Elle a levé vers le ciel un grand portrait de Kader et c'est la dernière fois que j'ai vu sa tête à mon pote. Il avait un peu changé depuis le collège, mais ça m'a foutu un autre coup de le voir passer encadré en noir et blanc. Après tout il était ni noir ni blanc Kader.

C'est pas une vie la cité. Y en a qu'en crèvent quand même.

Après la mort de Kader, y a des mecs que je connaissais un peu de vue qui se sont pointés. Ils disaient qu'ils avaient besoin de moi pour un petit business de sapes. Des trucs tombés du camion. Rien de méchant. Alors j'y suis allé. Je pouvais pas trop faire autrement. Mais direct, ça a mal tourné putain. On s'est fait embarquer dans la journée avant même de conclure le biz. Les amateurs ! Les keufs ils nous sentaient pas du tout. Faut dire qu'y en avait deux qui puaient tellement la bibine que ça devait les empêcher de renifler ailleurs que dans une bouteille. Eux, ils m'ont balancé direct leurs menottes dans la gueule. J'étais par terre et je chiais du sang. Normalement ça voulait dire stop, O.K., on arrête. Mais pas là. Y en a un des deux qui s'est ramené vers moi et qu'a vidé sa lacrymo pile sur mes yeux le fils de pute. Ça brûlait comme un incendie. J'arrivais plus à les ouvrir. Je mettais mes mains dessus et j'avais tellement mal que j'ai failli les enfoncer dans mon crâne. L'autre flic, il rigolait. Ma parole. Moi je flippais d'avoir des morceaux de charbon à la place des yeux. Ensuite direction le poste. Garde à vue. La routine quoi. Là, les autres, ils ont eu droit à l'annuaire. Les kisdés ils se font plaisir avec l'annuaire parce que ça laisse pas de traces. Y a pas de blessures, pas de sang séché, rien qui permette de porter plainte après. Donc quand vous vous pointez devant un keum de la justice et que vous lui racontez que les flics ils vous ont passé à tabac, personne vous croit. Mais vous, vous avez bien morflé. Ils vous ont mis des bons coups d'annuaire sur la gueule et sur les oreilles. Y a un grand Renoi, Moïse il s'appelait, à qui c'est arrivé. Sauf que lui il est pas resté sourd pendant trois jours. Son oreille, il l'a perdue pour toujours.

Mais les flics au fond, je les comprends un peu. C'est pareil que les profs. Un jour, dans un joli bureau des Champs-Élysées, y a un mec avec un beau costard qui a une idée incroyable et qui raconte qu'il faudrait envoyer tous les nouveaux, les plus jeunes, ceux qui viennent du trou du cul du pays dans les coins les plus dangereux de la France. Pourquoi ? ses potes ils lui demandent. Et il répond que c'est juste une question d'égalité. Qu'il voit pas pourquoi un flic qui a pas eu de chance et qui est né dans un coin pourri ferait son boulot dans le coin pourri où il a grandi.

Alors ceux qui sont nés au milieu des vaches, on les balance d'un avion au-dessus des 4000 ou de Mantes. Mais forcément ils se crashent parce que personne leur a filé de parachutes. Ils se tapent les embrouilles avec des mecs qu'ils connaissent pas alors que d'autres ramassent le fumier de José Bové devant les préfectures. Et au final le boss avec le costard, il est tout fier parce que grâce à son intelligence qui sort tout droit des grandes écoles, il a pris une mesure de justice et il pense qu'il a été correct avec tout le monde. Ça marche aussi comme ça l'égalité dans ce pays. Y en a juste tout en haut de la pyramide de la société inégalitaire française qui sont plus égaux que d'autres. Mais ça c'est une autre histoire.

Moi en fait j'en ai rien à foutre de la putain d'égalité. Je le dis comme je le pense. Kader il a clamsé pour quoi ? Juste parce qu'un keum qui se prenait pour l'inspecteur Harry l'a fumé sans le faire exprès. C'est ce qu'ils ont dit les mecs de la BAC. Et puis ils ont aussi parlé d'un « incident regrettable ». Ça éponge pas les larmes de la mère ces mitos. Je vois pas où elle est l'égalité dans la mort de Kader.

La mère de Kader, la pauvre, elle avait pas eu de chance elle non plus. Son mari s'était tiré avec une autre. Une voisine je crois. Elle a dû être sacrément en vrac quand son fils il est mort. Y a une rumeur qui dit qu'elle a essayé de foutre le feu à son canapé mais qu'à cause de ses larmes ça a pas marché, ça a fait extincteur. Et y a eu tellement de larmes dans le salon que ça a causé des dégâts des eaux à l'étage d'en dessous. Il a fallu attendre des mois pour qu'un plombier se pointe et colmate les fissures. Dans les cités, il devrait y avoir un maximum de plombiers et d'électriciens spécialisés, histoire de prévoir les inondations de larmes et le trop-plein d'obscurité.

J'espère qu'elle va bien la mère de Kader maintenant. Je sais pas si elle sait lire mais si elle lit ça, je voudrais qu'elle sache que je pense à eux de temps en temps. Je le kiffais bien Kader. Il est juste parti trop vite rejoindre son paradis de Rebeus avec des meufs partout à poil qui demandent qu'à se faire serrer pour accoucher de petits anges. Le paradis des Rebeus, en fin de compte, c'est comme un grand bordel où t'as rien à payer parce que c'est la tournée du big boss. Putain j'en rêve.

Kader il est mort et c'est de moi qu'il faut que je parle mais c'est pas évident parce que même si les autres ils ont jamais fait attention à moi, moi je faisais attention à eux. Je les observais et je voyais où ils allaient. Et y en avait pas mal qui allaient tout droit dans le mur. Le mur maintenant, il est devenu tout noir à cause du sang séché. Le sang je sais ce que c'est. Tout gosse déjà je le voyais couler dans mes yeux. Dans une bagarre, un mauvais coup ça part vite alors le sang il débarque direct au coin de l'œil.

Moi aussi je vais dans le mur. Je suis bloqué. Le mur il se rapproche de moi. Il va bientôt m'éclater. On gagne jamais contre un mur de béton.

3

Sur la vie de ma mère je suis un fils de pute. Je l'ai jamais dit à personne.

Ma mère, je la voyais du balcon. Elle allait et venait dans les immeubles. Elle ressemblait à une petite bille qui roulait très vite entre les arbres et les dalles. Elle se faufilait dans les cages d'escalier et grimpait les marches quatre à quatre. Elle était toujours pressée. Même le soir et la nuit elle roulait son cul à droite à gauche. Elle avait développé un sixième sens pour se repérer dans le noir total, un système de radar comme les chauves-souris. Je crois que c'est pour ça que les autres se marraient quand ils me voyaient. Eux ils avaient compris qui c'était ma mère : une pute de Dracula. Quand j'étais tout gosse elle m'enfermait à clé des heures dans ma chambre pendant qu'elle allait chez ses clients. Et parfois ses clients, c'étaient des mecs de mon âge.

Malheureusemnt j'ai pas hérité son sex-appeal. Je suis jamais rentré dans la fente d'une meuf. J'aurais bien voulu mettre ma monnaie dedans pourtant mais comme je pesais pas lourd dans la cité y avait personne qui voulait l'accepter. Normal, j'étais pas un caïd. Juste une petite racaille avec une gueule de loser. J'attirais pas les yeux des meufs. J'avais rien pour moyenner. Pas de tchatche ou d'yeux bleus. Pas d'oseille pour appâter les lascardes. Je possédais juste quelque chose qui n'intéressait personne et surtout pas elles : j'étais puceau. Comme la putain de bestiole. Ma mère, elle, elle était plus vierge depuis très longtemps. Je sais même pas si elle l'a été un jour d'ailleurs. Les autres là, ils disaient qu'elle aimait ça. Tout ce que je sais c'est que quand elle ramenait un client, elle m'enfermait à clé pendant qu'elle travaillait. Alors je mettais du rap à donf et je me bouchais les oreilles. Ça me faisait du bien. Je pleurais dans I am. Et maintenant I am dégoutté !

Dans le quartier je les entends encore. Y en a beaucoup qui m'ignoraient parce que j'étais un crevard de fils de pute. Je pouvais pas me défendre vu que c'était vrai. La vérité c'est que c'est aussi pour ça que j'ai dégagé de l'école. J'en pouvais plus d'entendre les profs me saouler avec mes parents. Ils comprenaient que dalle. Est-ce que j'aurais pu leur dire que j'étais un fils de pute ? Ils se seraient foutus de ma gueule. Et maintenant que je suis un terroriste international reconnu moi aussi j'ai presque envie d'en rigoler. Y a pas à dire, je suis un vrai fils de pute.

Mon père ? Y en a eu plein. Toute la cité c'était mon père. Même le béton qui m'a vu naître a dû chauffer ma mère un jour lui aussi. J'avais envie de lui foutre le feu au béton mais comme c'était pas possible, une fois j'ai mis le feu à une caisse. C'était au réveillon. Tous les autres s'éclataient dans leurs familles autour des poulets et des frites. Mais pas moi. J'avais la rage ma parole, un truc de malade. Je traînais mes baskets dans le froid de la cité, je me prenais pour un champion de boxe et je cognais dans le béton, j'insultais les arbres et je crachais à la gueule des pigeons. J'étais tout seul. J'avais personne. Alors j'ai repéré une caisse pas trop pourrie et j'ai dégainé mon briquet. J'ai allumé des journaux et des bouts de bois style barbecue. Et puis le feu a pris alors j'ai dégagé. Tout d'un coup ça a explosé grave. Il devait y avoir un truc chelou dans la poubelle. C'était ma première explosion. Mais ça m'a rendu ni mon père, ni ma mère.

J'ai jamais dit ça à personne. Personne doit comprendre ce que je raconte. Je sais même pas si y en a d'autres des mecs comme moi, des terroristes, qui sont d'authentiques fils de pute. La télé dit que si mais je crois pas ce que la télé raconte. Qu'est-ce qu'ils connaissent à la galère les journalistes ? Ils grattent des papiers pendant que nous on gratte le béton.

J'ai jamais dit ça à personne. Là je tremble. Sérieux j'en peux plus de tout ça. Je veux sortir des barreaux. Je veux voir les nuages. Je veux avoir une mère. Stop, mes yeux me crient. Ils s'énervent. Ils me supplient d'arrêter de tout déballer. Ils vont encore pas pouvoir se retenir. Stooooop. Non pas encore. Merde, ça y est. Je sens l'eau qui dégouline. Putain, je suis un robinet. Ça arrive à d'autres tout ça ? Y a quelqu'un qui peut me dire que oui, qu'y a pas que moi ?

J'ai l'habitude maintenant. Quand ça m'arrive, ce que je fais c'est que je ferme les yeux. Je les bloque. Ils sont coincés. Et comme ils peuvent plus regarder ce qu'il y a autour, ils regardent ce qu'il y a à l'intérieur. Et la première image qui bastonne l'intérieur de mes yeux fermés c'est toujours ma mère. Avec un mec. Il est flou mais pas elle. Je la vois très bien. Ça me fout en l'air. J'essaye de faire quelque chose, de les virer tous les deux mais ça marche jamais. Et puis j'entends la musique me déchirer les tympans. Celle que j'écoutais dans ma chambre. Et je l'entends crier. Ça s'appelle jouir. Je sais pas l'effet que ça fait mais ceux qui l'ont fait disent que c'est chanmé. Y a même des malades qui peuvent buter des meufs rien que pour pouvoir jouir un coup parce qu'ils peuvent pas faire autrement. Ici, en zonzon, on les appelle les pointeurs. Cette image de ma mère, elle reste là. Elle me pourrit le cerveau. Alors je tremble encore plus, je bouge dans tous les sens, je me bouche les oreilles. Ça marche toujours pas. Y a rien qui marche quand j'ai ça dans la tête. Y a que ma mère qui me marche sur les yeux.

On parle que de sexe partout en ce moment. C'est comme les terroristes, c'est à la mode. Et rien à branler de ceux qu'en profitent pas. C'est de la thune tout ça, rien qu'un commerce de seins et de fesses. Des bombes de meufs qu'on nous balance sur la gueule et qui explosent dans nos yeux. C'est encore la télé, cette grosse salope. Là-dedans, y a des guignols qui transpirent ce genre de trucs avec leurs mots compliqués. Des « sexologues » ils s'appellent. J'en ai vu un une fois. Il était invité. Lui vu sa tête de crocodile il devait pas serrer des tonnes de meufs alors il a choisi ce taf parce que comme ça, il pouvait écouter toute la journée des histoires de cul. Moi aussi j'avais le profil pour devenir sexologue. Je lui ai dit ça à la psy qu'on m'a commise d'office et que je vois parce que c'est obligatoire. Elle m'excite grave. La dernière fois j'ai cru que j'allais lui sauter dessus. Faut dire que j'étais excité comme un singe ce jour-là. C'est comme la faim ou la soif. Ça bout dans vos entrailles bourrées de merde. Il suffit d'un petit rien. Un déclic. Et le moteur se met en route au quart de tour. Ça chauffe et ça vous dégomme. Ça sort de partout. Vous avez envie. Point. J'ai failli lui arracher ses sapes à la psy. Elle avait un petit jean moulant, un foulard de bourge autour du cou et au milieu : ses seins. Et pendant qu'elle me déballait ses conneries sur qui j'étais quand j'étais gosse, j'avais envie de lui dire que ma mère était une pute pile comme elle et que j'aurais bien voulu les baiser toutes les deux maintenant que j'étais devenu un grand terroriste qui a été à l'école de Ben Laden, là-bas, quelque part dans les montagnes d'un bled paumé niqué par les States. Je m'imaginais en train de la chevaucher comme j'ai vu faire dans les films pornos. Sur Canal ça m'excitait déjà un max. En général le samedi soir ma mère avait rencard avec ses clients. Alors moi je pouvais mater tranquille les meufs qui se font cramer. Je sortais le matos et j'attendais que ça vienne. Ça tardait jamais. Avec ma saucisse dans la main je lâchais la purée dans un coin d'essuie-tout. Mais comme j'avais un max de purée à dégager l'essuie-tout craquait et y en avait partout !

En vrai ça doit être bon la saucisse purée. Avec une vraie meuf je veux dire, pas avec une traînée ou un essuie-tout. Dans ma tête je lui faisais sauter toutes ses sapes à la psy et je voyais juste ses gros nibards pointer vers moi comme des calibres. Ils allaient me flinguer. C'était à qui aurait dégainé le premier. Alors quand elle a commencé à me parler de ma mère, c'est moi qu'ai tiré. J'ai baissé mon survèt et puis mon slip et je me suis planté devant elle, comme ça sans rien dire, immobile. Je crois qu'elle a encore flippé sa race la psy. Elle a pas vu mon pétard arriver et elle a reculé avec sa chaise en criant. Elle s'attendait pas à un coup d'obus comme ça. Je lui ai dit que c'était pas ma faute et que ses seins pointaient vers moi comme des fusils à pompe. Du coup elle s'est calmée. Elle m'a dit que c'était pas grave et qu'elle comprenait un peu ce que je voulais dire. Faut dire que le maton, il est arrivé illico dans la pièce où elle discutait avec moi. Ils surveillent tout ces bâtards. On croit être tranquille un moment et ils débarquent comme des rats sortis du caniveau. Ils font tout pour vous fracasser la tête dès que l'occasion se présente. La psy je l'aime bien mais elle avait qu'à pas me parler de ma mère. C'est la ligne rouge.

J'ai jamais vu la mer. Ça manque dans ma sale life. Mais y en a un paquet des trucs qui manquent aussi. Une fois y a longtemps j'ai failli aller en Bretagne avec la mairie. Y avait plein de lascars de mon coin qui y allaient. C'était pour un stage de bateau, un truc comme ça. Bref j'aurais vu la mer quoi. Mais finalement j'y suis pas allé. Pourquoi ? Parce que ma mère, l'autre, elle a pas voulu que je la laisse seule. Putain. Ce jour-là pour la première fois je me suis dit que j'étais capable de buter quelqu'un. Et si j'avais pu j'aurais commencé par elle. Alors la mer j'ai fait que l'imaginer. Comme d'habitude. C'est ce que je fais le mieux je crois. Je l'avais déjà vue en fait. Pas en vrai mais à la télé. Ça avait l'air beau. Ça m'a aidé dans mon imagination. Je me voyais courir comme un maître nageur sur la plage avec un gilet de sauvetage et en jetant à l'eau ma rage. Je suis sûr que les gens qui vivent au bord de la mer même s'ils sont dans la misère ils ont pas envie de buter les autres. Ça doit les aider un peu de regarder toute cette étendue bleue couchée devant eux. Et ma parole, je suis sûr aussi qu'à force de mater la mer y en a même qui finissent par avoir les yeux bleus. C'est chanmé d'avoir les yeux bleus. Les meufs elles sont toujours partantes avec ceux qui ont les yeux bleus. Moi j'y ai pas eu droit à ces bonheurs-là : j'ai eu ni les yeux bleus ni la mer qui aurait pu me les faire changer de couleur. Et même quand elle est déchaînée la mer, elle doit être belle à regarder. Peut-être plus belle encore parce que l'écume sur le sable ressemble à du sang après une baston : c'est ce qui reste par terre quand tout le monde s'est barré. Mais la mienne de mère j'avais envie de la noyer dans l'autre.

Y a toujours des trucs qui me viennent en même temps que ma mère. Son métier elle le faisait en indépendant. Comme les avocats ou les médecins. Pas de mac. Juste une photo d'un de mes beaux-pères au-dessus du canapé beige. C'était peut-être lui son mac après tout. En tout cas il souriait comme un parrain sur la photo. On aurait dit Joe Pesci dans *Casino*. Une fois, elle a ramené un de ses clients à la maison. Il avait quoi, dix ans de plus que moi ? Je le sais parce que je l'ai vu. Et quand il est rentré, j'étais encore dans le salon en train de mater la télé. Après comme d'hab, elle m'a enfermé dans ma chambre mais je les entendais quand même. Forcément, la chambre de ma mère elle était juste à côté. Y avait une sale cloison en préfabriqué qui nous séparait. J'avais beau mettre la musique à donf, y avait rien à faire ! Et ma mère elle criait. Je sais pas ce qu'il lui faisait mais elle avait l'air de kiffer sa race. Quand il est parti, elle est partie avec lui. Et moi je suis resté là, dans ma chambre, avec ma musique et la clé dans le trou de la serrure derrière la porte. Et je rêvais de la mer.

Je me souviens pas si je l'ai aimée un jour. Je voudrais m'en souvenir mais y a rien qui vient à ce niveau-là même quand je ferme les yeux. Ma mère a toujours été une étrangère.

4

Je sais que ça fait pitié mais parfois je crie dans ma cellule. Tout seul. Juste pour faire sortir tout ce qui est à l'intérieur et que j'arrive pas à dégager autrement. Je crie super fort mais ça sert à rien d'autre qu'à faire rappliquer les matons. Ça me vide que dalle. Je voudrais rentrer mes mains à l'intérieur de mes tripes et retirer tous ces trucs qui me foutent en l'air. Mais je saurais pas où mettre mes mains. Je crois que ça se passe dans ma tête aussi. Elle doit être cabossée. Les trucs, ils remontent ensuite jusque dans ma bouche. C'est pour ça que je crie. Parce que j'arrive pas à gerber. C'est comme un réflexe. Ça sert à rien.

C'est pas nouveau ça. Je crie depuis toujours. Avant, je dévalais les escaliers comme un fou, je poussais la grosse porte déglinguée de l'immeuble et je courais vers le terrain vague qui se trouvait au fond, derrière la cité. Y avait que des champs de betteraves. Je prenais un chemin et j'allais jusqu'au bout. J'ai jamais été plus loin que ce bout de chemin à travers les betteraves. Dans l'autre sens y avait Paname. Et ma vie s'étirait dans les betteraves entre le bout du chemin et la ville de la lumière. Comme un putain de bâillement. Quand j'arrivais au bout y avait un gros arbre déraciné. Je m'asseyais dessus pendant des heures. Et je criais. Voilà. J'y allais juste pour ça là-bas. J'étais tout seul et je pouvais crier autant que je voulais, personne était là pour me juger. O.K., de temps en temps y avait des types qui promenaient leurs chiens. Je les voyais se rapprocher de moi. Au départ ils étaient minuscules comme des cafards et j'avais le temps de crier ils pouvaient pas m'entendre. Mais quand ils se rapprochaient, ils devenaient plus gros et là je pouvais plus crier. Ils m'auraient pris pour un malade. Une fois j'ai crié quand même. Y en avait un qui se rapprochait. Il était vraiment pas loin de moi. Et quand il m'a entendu crier ma mère, il a tellement flippé qu'il s'est barré dans le champ en galopant derrière son chien ! Ça m'a fait rire. Je faisais peur même aux animaux.

À part ceux qui cavalaient derrière leurs chiens, y avait aussi ceux qui faisaient cavaler leurs meufs. Ils les traînaient près de l'arbre pour les baiser. Ils avaient pas trop le choix faut dire. C'étaient des plans à l'arrache. Comme les pères, les mères, les sœurs, les frères, les tantes, les oncles, les cousins, les grands-mères et les voisins surveillaient tout il fallait qu'ils trouvent des coins tranquilles. Alors ils se taillaient dans les champs de betteraves, à tour de rôle. Ils se foutaient sur l'une des grosses racines qui sortaient de terre et ils faisaient leurs trucs peinards. Ils jouaient à saute-mouton, quoi ! Sincèrement, j'aurais bien aimé faire pareil moi aussi. Mais quand je venais y avait pas de meuf avec moi. J'avais que les betteraves, les salopes. On était que tous les trois : moi, ma gueule grande ouverte et le champ de betteraves. Sous mes pieds, je voyais des capotes usées qui pourrissaient. Ça m'excitait. Pas le plastoc dégueulasse ni ce qu'y avait dedans mais l'histoire qui s'était passée avant que le keum laisse béton la capote. Je me disais qu'à l'intérieur il y avait des mecs comme moi qui étaient en train de crever. C'était aussi bien pour eux ! Et fallait surtout pas qu'ils sortent de leur cagoule en plastoc. Des capotes, y en avait vraiment des tonnes. Personne les ramassait. Forcément. Les éboueurs de la mairie venaient pas jusque-là. Y avait aussi des vieilles piquouses qui s'enfilaient dans les herbes. Une fois j'en ai trouvé une plantée dans une betterave au bord du chemin. Je me suis dit que c'était vicelard de shooter une betterave. Mais après tout y a que le résultat qui compte. Devenir un putain de légume c'est ça qui les motive tous ces mecs qui se foutent des aiguilles dans le creux du bras ou de la cheville. Au début ça me faisait flipper ces piquouses. Et puis je me suis habitué. À force on s'habitue à tout pourvu que ce soit de la merde.

Je me souviens bien de ce champ. Les betteraves, les capotes et les piquouses. Quand j'étais assis sur mon arbre je voyais la cité au loin, au bout du chemin, dans l'autre sens. Elle se marrait dans la pluie. C'était bien la pluie parce que avec elle, personne pouvait voir que j'avais chialé en rentrant du chemin. C'est pas que je chialais beaucoup. Je suis pas un crevard. Mais quand même, de temps en temps ça me faisait du bien. Ça me défoulait. Je criais et puis hop je chialais un coup ! C'est pour ça que je me dis que quand on a un truc qui sort pas il faut l'expulser à tout prix, par n'importe quel trou. Même dans une capote.

Comment elle faisait ma mère ? Est-ce qu'elle utilisait des capotes avec ses clients ? Elle devait en avoir un sacré stock alors ! Peut-être même qu'elle avait droit à des réductions à la pharmacie de la gare. Et puis peut-être aussi qu'elle en mettait pas. Y en a plein qui faisaient ça. C'est comme ça que j'ai dû naître d'ailleurs.

La femme que je kiffais grave, elle s'appelait Nadia. Elle habitait dans la tour d'en face au-dessus des arbres que je voyais de mon balcon. Au quatorzième étage. Moi j'étais au douzième et tous les jours j'essayais de la voir nue. J'avais repéré sa fenêtre depuis longtemps. Elle était brune avec de beaux yeux comme on en fait plus de nos jours. Elle avait la peau douce aussi. J'imagine. Putain, qu'est-ce que j'aurais donné pour la chauffer un peu. J'aurais donné ma vie. Oui, elle avait la peau douce, ça se voyait. Comme dans la pub du gel douche avec les meufs sous les cocotiers. Son nez il était un peu comme un petit objet précieux, ceux qu'on met pour décorer une pièce. Ou alors un bijou, style ceux qui sont planqués dans les aquariums des musées. Il était joli son nez. Elle était jolie elle, tout entière. Elle avait toujours une mèche qui lui retombait sur le devant de la figure. Pas longue la mèche. Mais brune. Et surtout sa peau était pas blanche comme la mienne. J'aime pas les peaux blanches, ça me rappelle les flics. Non sa peau à elle, elle était comme la couleur du sable. Dorée. Comme sur les plages des tropiques. Elle était gentille avec moi. Y avait qu'elle qui me disait bonjour quand on se croisait. Elle me souriait. Je sais pas pourquoi. Même encore aujourd'hui ça m'intrigue. Pourquoi elle me disait bonjour ? Je lui plaisais peut-être. Non, c'est impossible que je plaise à une fille. C'est impossible que je plaise à Nadia.

Un soir j'ai réussi à la voir toute nue à travers sa fenêtre. Je me trouvais là par hasard. Attention. Faut pas croire que je l'espionne comme un pervers ou un truc du genre. Un peu mais bon, bref. Donc Nadia, je la voyais assez bien. J'ai une bonne vue. Alors direct, j'ai senti que ça s'agitait dans mon fute. J'étais en chien faut dire. J'ai pas pu m'en empêcher. J'ai sorti la marchandise vite fait et bam ! Ça a giclé partout. Même sur la vitre. Elle était déjà sale mais bon, j'étais dégoûté quand même. Pour la vitre. C'est ce que je disais tout à l'heure : quand ça doit sortir, ça doit sortir, y a rien à faire. Là ma parole, c'était bien sorti ! J'en avais partout sur la main, putain. Ça valait le coup. Nadia ne se doutait de rien heureusement. Elle ne faisait que se déshabiller. Pas pour moi, juste pour la nuit. Moi j'étais rien de plus qu'un cambrioleur attiré par une meuf. L'Arsène Lupin du béton.

Plus tard quand je me suis retrouvé avec ces keums qui m'ont dit de faire ce que j'ai fait, on n'a plus jamais parlé de femmes. Comme si on les avait toutes virées de la galaxie. Comme les dinosaures. Mais je regrette mon balcon et cette vitre dans laquelle j'ai vu Nadia, c'est mon plus beau souvenir dans la vie. Et encore maintenant, j'arrête pas d'y penser. Elle ressemblait à la reine d'un pays du désert. Je me souviens plus comment elle s'appelle celle que je veux dire. Mais je l'ai vue une fois à la télé et le mec qui commentait il disait qu'en rebeu, son nom, ça voulait dire la lumière. Mais elle c'était Nadia et elle devait aussi être la reine d'un grand royaume dans une autre vie. J'y crois pas à ces conneries mais ça fait rien. Je suis sûr que pour elle ça existe. Nadia n'avait rien à voir avec le cul. C'était autre chose. Un sentiment on dit. Ouais, grave, un sentiment qui a remplacé pendant un paquet de minutes tous ces creux que je voulais expulser de mon ventre comme les CRS font avec les clandestins dans le métro. Nadia c'était mon béton à moi, celui qui colmatait mes désirs et mes manques. En tout cas le soir où je l'ai vue nue.

Mais très vite ça m'a saoulé parce que je savais bien que Nadia elle en avait rien à foutre de moi. Elle savait même pas que j'existais. J'avais beau me mitoner et me dire qu'après tout c'était une meuf comme toutes les autres. Une de ces pétasses qui traînent autour de vous avec un briquet kéblo dans le string. Ces meufs-là elles ressemblent à la lune. C'est pareil. La lune tout le monde voudrait l'attraper. Elle éclaire tous nos visages mais faut être patient pour pécho la lune. Elle se laisse pas avoir comme ça. Faut lui tourner longtemps autour. En sautant encore plus haut que la plus haute des tours de la cité, elle reste toujours trop haut et toujours trop loin. Sergueï Bubka lui-même il a jamais pu la pécho, la lune. Nadia c'était ma lune à moi. Celle qui brillait en face de ma fenêtre dans le sale décor qui nous enfermait tous les deux. Elle habitait au-dessus de mon visage. Mais j'arrivais jamais à l'atteindre.

Alors je pointais mon doigt vers sa fenêtre au moins une fois chaque soir et j'aurais voulu qu'elle l'attrape. Qu'elle descende nue sur la dalle qui séparait nos deux tours. Qu'elle se mette sous un arbre en me faisant signe de la rejoindre. Tout ça rien qu'avec le bout de son doigt. Je serais descendu et je l'aurais touchée. Juste touchée. J'aurais mis mes mains sur sa peau pour en sentir la douceur. Allez, peut-être aussi que je l'aurais embrassée. Mais rien de plus. Sinon j'aurais pu voir ma mère à sa place et ça j'en voulais pas. Nadia était belle sous cet arbre, entre nos deux maisons, sous la lune et l'obscurité. On était là, ensemble, on se taisait, on savait pas quoi faire. On avait la larme à l'œil. Moi oui en tout cas. Et puis peut-être qu'après je l'aurais aussi emmenée dans ma cage d'escalier. Près des boîtes aux lettres. Je l'aurais encore caressée, un peu plus cette fois, j'aurais mis ma main entre ses cuisses… Et puis merde ! Ça marche jamais. Chaque fois, j'ai envie de la baiser Nadia. Comme toutes les autres.

Y avait pas d'étoiles dans ma cité. On pouvait pas les voir à cause des tours qui défonçaient le ciel. Alors heureusement que moi j'avais ma lune pour me faire tenir un peu quand j'en avais vraiment besoin. Y en a plein qui allaient squatter les caves avec leurs seringues et leurs meufs. Moi c'est juste parce que j'en pouvais plus de cette fausse obscurité, celle du dessus, que j'ai été squatter les caves. Les caves au moins c'est vraiment sombre. Ça se la joue pas. Ça mitone pas. Mais j'avais pas de meufs à y emmener. Alors un jour j'ai décidé de les remplacer par des seringues. Et l'arbre qui était au bout du chemin j'y suis plus jamais retourné. Une fois quelqu'un m'a dit que les seringues c'est pareil que les meufs sauf qu'elles sont plus faciles à attraper : après la deuxième tu peux plus t'en passer. Il avait raison. Pour l'effet aussi je me suis fié à ce qu'il me disait vu que j'avais jamais goûté aux meufs.

Clair que ça faisait du bien la came. Au moins pendant dix minutes. Je m'en gavais les veines pour oublier. C'est chelou comme idée non ? J'ai jamais vraiment su quelle came y avait dans ces piquouses-là. Personne savait. Mais ça correspondait bien à mon idée de foutre en l'air tout ce qu'il y avait à l'intérieur de moi. Ça marchait. Pas longtemps. Je crois que chacun met la came qu'il veut dans une seringue. Chacun a une raison spéciale de se rentrer une piquouse au milieu du bras. Dans la cave de mes potes de shoot, on se gavait de ce qu'on pouvait. Pour une fois. On se shootait et puis le reste clamsait.

Pourtant, je sais que c'est une sacrée pourriture la « drogue » comme ils disent les autres, ceux du dehors. Nous on appelait pas ça de la drogue. Jamais. Y a que ceux que ça fait flipper et qui en ont jamais pris qui appellent ça la « drogue ». Avec leur air de bonnes sœurs et de frères musulmans dans l'œil. Pour nous c'était le kif, la meuka[1], le shoot, la dope, le matos dans le sang qui montait très vite comme un vaisseau spatial. Je connaissais pas l'itinéraire précis mais il apportait un peu de bonheur dans nos lifes ce putain d'itinéraire. Oui, c'était bon. Quand on se shootait, on pouvait plus arrêter les réacteurs. Ça décollait et ça nous emmenait super loin dans des étoiles paumées, ailleurs dans le cosmos, les autres galaxies, à la *E.T.* On zigzaguait entre les planètes du kif. Parfois on stoppait sur une comète et on tapait la discut avec des enculés de martiens. Et on se gavait d'extase tous ensemble. Faut pas croire : les martiens aussi ils ont des masses de trucs à oublier. Et puis ça a pété.

Les frères musulmans de la bonne société thunée, être accro à la came ils appellent ça la « dépendance ». Comme si la dépendance de la

1. Came en verlan.

merde en barres de béton et de bitume qu'on a autour de nous depuis notre naissance, elle était pas aussi crasseuse que celles des barres de shit et des tours de kif. Mais personne en parle du béton qu'on chauffe depuis toujours. Comme si on l'avait coulé dans le silence. C'est pourtant la cité qui accouche de bébés camés, pas le contraire. La cité, elle avale tout sur son passage. Même les rêves y passent aussi. Les barres aspirent l'espoir et l'enferment dans un réservoir. Pas de pitié pour les crevards. On naît dedans et puis voilà, bam, on est accro pour la vie. Ça nous colle dans les yeux, sur la teub, dans le cerveau. Eh ! les gars, faut mater la réalité face contre terre : quand on regarde en l'air y a jamais d'étoiles, y a que des putains de pigeons qui nous chient sur la gueule.

Un jour y a un curé qui s'est pointé pour tchatcher avec nous, essayer de nous réparer, de nous récupérer. Il venait de Lyon et c'était un mec sérieux. Au début on pensait qu'il allait se la jouer Jésus avec les reproches et les trucs du style « T'as péché mon fils » mais pas du tout. Il parlait comme nous. On comprenait ce qu'il nous racontait. Il nous a parlé de son taf à Lyon, aux Minguettes, avec des jeunes tox comme nous. J'ai jamais senti ça pour un keum mais lui je l'ai kiffé. Ses yeux ils étaient comme ceux d'un ange. J'ai jamais connu d'ange bien sûr mais j'ai vu mère Teresa une fois à la télé et j'ai chialé direct en voyant ses yeux quand elle tchatchait. Le curé il avait les mêmes. À la fin je suis parti le voir et je lui ai expliqué ma situation avec ma mère et la cité : y en avait une qui faisait le tapin et l'autre qui me tapait sur le système mais c'était la cité la plus grande des tapineuses celle qui nous a tous enfantés en baisant sans capote je lui ai dit. Et puis je lui ai dit aussi que j'étais accro au kif qu'on se rentrait dans le sang. Alors le curé il m'a regardé avec ses yeux de mère Teresa, il a posé sa main sur ma tête… et il a commencé à pleurer putain ! C'est pas du tout ce que j'attendais de lui, moi. J'étais en panique grave. Alors tout d'un coup, je me suis jeté sur son épaule et j'ai pleuré moi aussi. Mais le curé il est parti, et la came elle est restée. Et c'était toujours mon seul moyen d'apercevoir les étoiles.

La psy elle m'a parlé de ça aussi. Elle avait un gros dossier marron dans les mains. Elle le lisait attentivement et d'un seul coup elle a levé la tête et m'a dit en ouvrant gros ses yeux bleus : « Vous avez déjà pris de la drogue ? » J'ai cru que j'allais lui cracher dessus. J'avais plus du tout envie de la déshabiller. « Oui » je lui ai répondu. Obligé. Sa question c'était un coup de vice en fait. Elle le savait bien que j'étais accro puisqu'elle avait mon putain de dossier médical sous ses beaux seins. Mais je voyais bien que la réponse ne lui convenait pas. Elle voulait que je lui en parle plus. Que je lui dise pourquoi. Des conneries comme ça. Elle voulait que je lui raconte le shoot de A à Z. Je crois qu'elle avait envie d'essayer ma parole ! Moi je suis resté comme j'étais. C'est-à-dire super silencieux. J'attendais qu'elle me fasse son speech. Elle s'est levée, elle a rapproché sa chaise de la mienne et elle m'a regardé sans rien dire avec des yeux qui puaient les larmes qui ne veulent pas tomber. Là, sur la tête de ma mère, elle m'a fait de la peine cette salope.

Je me rappelle quand j'étais dehors et que je voyais tous les autres dans la rue, ça me trouait le ventre. À Paname y avait toute une brigade de kiffeurs qui m'épiaient et se marraient quoi que je fasse. La psy me fait penser à eux. Du coup j'ai la chair de poule. J'ai un truc dans la gorge, planqué au fond. J'ai froid. Quand je regarde en arrière y a que des Nadia que j'ai perdues. Et quand je regarde devant je me tape toujours le mur. Il y a de l'eau qui coule. Ça daube de partout. Je suis assis à ma table en bois. Elle tient pas debout comme les autres objets de la pièce. Comme moi aussi. Je sais bien que j'ai fait quelque chose de mal. Je cherche pas d'excuses. Je dis juste qu'y en a qui ont des vies sympa et d'autres qui reçoivent de la merde à boire dans leurs biberons et qui la traînent partout du berceau au cercueil. Parce que y a que là qu'ils peuvent pas vous atteindre tous les arroseurs de merde qui tournoient dehors. Y a que là, quand vous êtes éteints qu'ils peuvent rien contre vous.

Tout de suite, j'ai envie d'une piquouse. Je me la foutrais dans les couilles et je viderais dedans tout ce qu'elle contient. Je shooterais mes spermatozoïdes. Parce que j'aurai pas de gosses de toute façon. Alors mes spermatozoïdes faut qu'ils kiffent un peu quand même ! Mais si j'avais une piquouse, je le dis cash, ce serait direct l'overdose après le shoot des couilles. Comme ça on en parlerait plus. Je parlerais plus. Ce serait fini et tout le monde serait content. Le journal télévisé annoncerait enfin : « Mort d'un fils de pute, cousin de Ben Laden : overdose des couilles au fond de sa cellule. » C'est la vie de « caillera » comme on dit. Ça veut dire racaille mais ça, tout le monde le sait maintenant.

5

J'ai l'impression que tout le monde nique dans ce putain de pays. Sauf moi.

Dehors, y a des tas de meufs qui se mettent à écrire leurs histoires de cul. Comment elles se sont fait tringler, désosser, sodomiser, engrosser puis dégrosser etc. Ce qu'elles ont ressenti et tout le tralala. En général elles ont que ça à foutre dans la vie : décrire leur cul. Et en plus elles gagnent un max de thunes avec leur cul. On appelle ça comment déjà ?

Mais ça doit être bon le cul quand même pour qu'elles en parlent comme des chiennes sur les plateaux de télé à côté de mecs affamés qui pensent qu'à une seule chose en secret. Je vois leurs yeux moi. Avant je pensais que c'étaient les yeux des meufs qui sentaient le cul. Mais c'est pas ça. C'est les yeux des mecs qui puent la misère de cul à plein nez. Il doit quand même y avoir beaucoup de mitos dans toutes ces histoires de cul. Parce que c'est pas possible que des keums même bourrés de biftons niquent comme des lapins toute la journée. Si ?

Ma mère devrait écrire un livre. Je roulerais sur l'or en barres à sa mort.

Moi mon cul, il intéresse personne. Il est normal pourtant. Il est comme tous les autres. Il est bourré de merde. Alors pourquoi les meufs elles en veulent pas ? À la télé, quand je me suis fait pécho, ils ont fait venir un spécialiste de ça qui a expliqué comment des puceaux comme moi passent de la rue Saint-Denis à Karachi, des putes aux frères musulmans, du vice à la vertu comme il disait. Je me suis pas reconnu là-dedans la vérité. Mais je crois que le mec et ses potes des médias ils en avaient rien à branler de mon cul. Ils voulaient juste vendre leur audimat parce que paraît que ça intéresse les gens et que les gens croient tout ce que la télé raconte. Faut comprendre le système.

Y a même une assoce qui explique ça très sérieusement et qui a fait des tournantes son cheval de bataille. Et putain ! C'est un cheval qui rapporte gros à celles qui montent dessus. Y en a même une qui est devenue une star de la télé ! Faut dire qu'y a un paquet de billets qui sonnent à la porte quand on passe chez Ardisson ou chez Drucker. J'aimerais bien y aller moi aussi. Parce que je crois que j'y ai ma place. Les meufs elles ont tellement fait tourner ma tête qu'elles ont failli la dévisser. Normal, on vit dans un grand manège du cul et les cités c'est juste une décharge miteuse où on a foutu tout ce qu'y avait de cramé et de déglingué dans le manège. Y a pas que les meufs qui sont des chevaux de bois sur lesquels on a envie de grimper. On est tous des putains de chevaux de bois camés par la télé.

Et la télé, c'est du cinéma avec moins de rêves dedans. C'est une énorme machine à laver qui excite les ados et fait vendre des tonnes de Coca coupé avec des images de meufs. C'est pas moi qui le dis c'est un des grands dealers de la télé. Sérieux, je l'ai entendu, je suis pas mito.

Je suis terroriste, O.K., ils ont réglé mon compte. J'y suis passé direct à la télé quand ils ont su que j'étais un terroriste international apparenté à Ben Laden. Enfin pas directement mais on a montré des photos de moi. Les bâtards, ils ont choisi celles sur lesquelles j'avais la plus sale tête, wallah. Même moi j'ai flippé ma race en me voyant ! Ils avaient dû les trafiquer avec des logiciels du FBI, les photos. Mais ils ont rien dit de plus que ce que les autres voulaient entendre, ce que j'entends moi depuis que je suis gosse. C'est ce que je disais au début. À force de nous traiter comme des pitbulls ils font de nous des pitbulls. Voilà la vérité. Et après on a envie de tout faire sauter. Même soi-même. Surtout soi-même. On a rien à perdre. Mais le pire, c'est pas ça. Le pire c'est qu'y en a qui réussissent à être surpris. C'est comme si je frappais un keum comme un dingue, que je lui crachais dessus et que je traitais sa mère de grosse pute et qu'après je m'étonnais que le keum se relève et me fracasse la tête en me disant qu'il m'aime pas.

Dans ma cellule en ce moment, c'est comme si j'étais en plein feu d'artifice. Un feu d'artifice style 14 Juillet et compagnie. Y a des tonnes de trucs bleu blanc et rouge qui pètent et me passent par-dessus la tête. J'ai l'impression d'être une fusée qui va s'éclater en l'air et amuser tous les bouffons qui attendent que je m'éclate. Et eux ils ont pas envie de se la prendre dans la gueule, la fusée ! Je les comprends. Un feu d'artifice style 14 Juillet et compagnie. Putain c'est pas le kif finalement de ressembler à une comète parce que après leur feu d'artifice les comètes elles retombent dans la Seine. Normal, c'est la gravitation il disait le mec avec sa pomme, pas Jacques Chirac, non, un encore plus vieux. Mais les comètes, on les oublie. Ça devient des corps morts qui flottent avec des tas de blessures dessus. Ça devient des cadavres qui cognent les pieds des ponts. Ça devient des mecs qu'on a balancés dans le fleuve. Juste pour les oublier. Parce qu'ils sont personne.

J'ai pas envie qu'on m'oublie. On m'a déjà trop oublié. C'est aussi pour ça que j'ai fait ça, que j'ai fait exploser ma bombe. J'ai pas envie qu'on m'oublie.

Un jour, un type est venu me voir. Il avait des yeux très noirs et très sérieux. Il rigolait pas du tout. Ça s'est passé en bas de ma tour. On le connaissait un peu de vue dans la cité. Il était plus vieux que nous et il avait la réputation de pas être un tendre. J'ai rien compris à ce qu'il m'a dit la première fois. Il m'a demandé si j'en avais pas ras le bol de voir tous ces mecs blindés me faire la morale, tous ces vautours qui se précipitent sur votre cadavre pour voir si vous allez bien. C'est vrai que j'en avais ras le bol des vautours. Je les vois encore ces putains de gros oiseaux, tous les snipers de Paname, ces keums bien sapés avec des gourmettes en or sur les pattes et des costards de marque qui leur serrent le cul. Les vautours moi je dis que c'est tout ceux qui ont un bon taf et une vraie famille et qui vous regardent comme si vous étiez des sales bestioles à éclater sans sommation. Et dans ce système, la télé, c'est la pute de service. Même si elle est en couleur avec un écran plasma, elle montre toujours tout en noir et blanc.

D'ailleurs une fois j'ai cassé la télé parce que dedans ils disaient des trucs qui me foutaient en l'air. Ma parole. J'ai pris un marteau et j'ai tapé dessus jusqu'à ce qu'elle se pète en cinq. À l'intérieur, y avait deux vautours qui tchatchaient des banlieues. Ils avaient l'air de revenir des Bahamas et se la racontaient avec leurs airs de gangsters. Paraît qu'y en a un qui était maire d'un bled pas loin de chez nous. Celui-là, style il était socialiste ! Mon cul. Il était socialiste comme Le Pen dit qu'il kiffe les Feujs et les bougnoules ! Juste parce que ça fait bien. Y en a un tas des keums comme ça. Mais sérieux faut pas trop nous prendre pour des blédards. Moi je le dis comme je le pense. Je les encule ces socialistes-là. Ils ont eu pendant des plombes un keum qui était président mais lui, il passait son temps à niquer tout ce qui avait des cheveux longs. Ma parole, paraît que c'était un gros niqueur de première celui-là. Ça c'est kiffant mais c'était pas son taf de dérouiller toute la journée. Son taf, c'était de s'occuper de nous. Et les autres là, style ceux qui sont dans le même parti que lui, ils tchatchent solidarité mais il leur faut un mode d'emploi pour donner un euro à un mendiant. Le maire de la télé, il était comme ça. Quand il tchatchait, il remuait son poignet comme un ouf pour que tous ses potos matent sa nouvelle Rolex à cent plaques. Il parlait de la came et des voyous. Il appelait ça la « délinquance ». Son pote de droite au moins, il jouait franc jeu : c'était un enculé et il le disait clairement : « Oui, bonjour, je suis un mec qui veut juste vous enculer. » Les deux snipers ils étaient d'accord sur les banlieues. Ils hochaient la tête comme des oufs en souriant. Un moment, j'ai même cru qu'ils allaient s'emballer. Grosso modo ils voulaient qu'on envoie plus de CRS pour nous taper sur la gueule. Et peut-être aussi l'armée si ça suffisait pas. Je dis « nous » parce que c'était bien de nous qu'ils parlaient. En fait, je crois que c'était de tout le monde sauf de leurs gueules de bronzés-thunés à eux. Bref j'ai pété la télé. Y a rien à dire de plus sauf que c'est pas des CRS qu'il faudrait envoyer, c'est des Casques bleus avec toute leur aide humanitaire.

Je reviens au mec qui est venu me voir en bas de ma tour. Franchement il avait une sale tête. Il faisait flipper tous les petits lascars du quartier. Avec lui dans les parages, y en avait pas beaucoup qui bronchaient. Il avait des bras énormes et des mains encore plus grosses style des palmes sauf que ça le faisait pas avancer plus vite dans sa vie. Par exemple quand on se disait bonjour, j'avais l'impression de serrer un pneu de semi-remorque ! Au bout d'un moment il s'est mis à venir me voir régulièrement et on parlait tous les deux en marchant dans la cité. C'était le premier keum qui s'en foutait pas de ma gueule, qui cherchait pas à m'enfoncer la tête dans mon bitume natal. Il me demandait rien en échange. Alors ça m'allait bien comme deal. Et puis de toute façon j'étais pas en train de devenir une star de la télé ! Le temps, c'est pas ce qui manquait et ma life se résumait aux doses de came et à trouver de la thune. Alors ce keum il est bien tombé. C'était une bouffée d'air un peu moins pollué que la moyenne.

Il m'emmenait avec lui à des matchs de foot ou à des combats de boxe thaï. Je kiffais bien l'ambiance. Des potes à lui se flinguaient la tête dans des salles tranquilles des environs. Et puis quand j'en avais besoin il me filait quelques billets. Pour mes dettes de kif. Il savait que je me camais mais il me faisait pas de remarques à ce sujet. Ça restait entre lui et moi. Les autres, ceux avec qui je squattais dans la cave, il les aimait pas. Il disait que c'étaient des ratés, des racailles que je devais éviter de les voir. Un jour, à un match, y a un autre type, un pote à lui qui est venu me parler. À la fin du combat il m'a demandé de le suivre et il m'a conduit dans une petite pièce, pas loin des vestiaires. Là il m'a demandé si je voulais gagner un peu d'oseille facilement. J'ai pas refusé.

Comme tout le monde j'avais toujours besoin de cette putain d'oseille wallah. Et ne pensez pas à mal, c'était pas que pour la came. C'était aussi pour bouffer, payer le loyer, tout ça. Ma mère payait plus rien depuis un moment. Elle avait eu un accident de cul, ma parole ! Elle était à l'hosto pour une histoire de fesse qu'on lui avait endommagée... Bref. Fallait que je trouve le loyer en cash sinon ils nous expulsaient. Ces bâtards des HLM, ils ratent pas une occasion de nous dégager de nos putains de cages à poules. C'est eux la loi. Nous on est les esclaves. On raque, on leur file toute notre thune et pour le reste, c'est-à-dire vivre, on se démerde comme on peut. Ils en ont rien à branler. Alors le mec, quand il m'a proposé de la thune pour des petits boulots, bien sûr que j'ai accepté. J'ai même couru la tête la première pour me jeter dans ses bras. Et il avait des putains de gros bras lui aussi ! J'étais à l'aise avec lui et ses potes. Je leur parlais de mes petits problèmes à droite à gauche et ils me disaient de pas me faire de soucis parce que tout allait s'arranger.

Alors j'ai commencé les petits boulots. Des marchandises à aller récupérer dans des coins paumés, des hangars, des trucs comme ça. Je savais pas ce qu'il y avait dans les paquets que je transportais et j'ai jamais cherché à savoir. Je crois que c'est aussi ça qu'ils aimaient bien chez moi. Je la ramène pas quand il faut pas. Je suis discret comme on dit. Comme je savais conduire, ils m'ont filé une petite camionnette blanche un peu rouillée et parfois ils me la laissaient, le week-end par exemple. Ça me changeait un peu de mon arbre paumé au bout du chemin. Mais un jour j'ai abusé : j'ai emmené mes potos de piquouse traîner à Paname. Moi je voulais pas à la base. Mais ils m'ont saoulé à mort et j'ai fini par dire O.K. comme un con. Déjà dans la camionnette, en partant de la cité, ils étaient déchaînés, shootés comme des zombies, explosés comme des grenades... Ça s'est pas arrangé ensuite ! C'était vers gare du Nord à côté du McDo qu'est en face, on a eu des emmerdes avec d'autres keums. Ils nous ont cherchés direct. Ils voulaient nous taxer la barrette que mes potos avaient prise pour s'éclater un peu, fendre l'air avec le kif, tout ça quoi. Mais ça a dégénéré. J'ai rien pu faire. Les putains de kisdés sont arrivés et ils nous ont tous embarqués. Les quatre gros bras pour qui je taffais, ils ont pas du tout kiffé l'embrouille. Ils sont venus me récupérer au poste et c'est eux qui ont payé ma caution. Les autres ils les ont laissés pourrir là-bas. Heureusement que j'avais pas pris de came cette nuit-là. C'est moi qui conduisais et j'avais fait gaffe au matos. Je les ai remerciés. Ils m'avaient bien sauvé de la merde. C'était la première fois que des gens me rendaient service. Du coup je leur devais un service. L'honneur c'est pas pour les crevards.

Après l'histoire de la camionnette ils m'ont ordonné de plus retourner avec les autres, mes potos de dope. Ils m'ont dit que si jamais ils me voyaient replonger au fond des caves, ils me refroidiraient à coups de grosses patates. Mais je pouvais pas faire autrement. La dope c'était mon tour de paradis à moi. J'avais que ça et mon arbre vu que la camionnette blanche elle m'avait filé entre les doigts. Et pendant que je remuais tout ça dans ma tête en bas de mon immeuble, y a un poto qui s'est ramené et m'a dit : « Viens poto, je vais te faire bicrave[1] du nouveau matos, ça va te remettre les compteurs à zéro. » Alors j'y suis retourné. En secret mais tout se sait dans ces coins pourris. On vit comme des rats et les rats ça dit rien à personne mais ça sait tout, ça se trimbale partout en reniflant. Et la dope elle a une odeur qu'on peut pas rater : l'odeur elle reste gravée sur le visage, pareil qu'un tatouage. Dans la cave avec les potos on a direct embrayé vers les étoiles. On a voulu voir ce que c'était le big-bang. Mais vite fait, comme j'avais rien dans le ventre, j'ai vu le crash venir. Je sentais plus rien et je fumais des mégots bourrés de shit mélangé à de la poudre coupée avec du caoutchouc. Sale mixture. Sale extase. On l'avait mauvaise. On tremblait comme des moutons qui ont bouffé de la vache folle. On était tellement morts qu'on arrivait pas à brûler la barrette correctement alors on se cramait les doigts comme des amateurs. Tout le matos partait en couille : le mégot, le tabac, la

1. Fumer.

poudre et le shit. Alors on rampait dans le noir total pour retrouver la poudre et les bouts de shit éclatés par terre. Mais comme on savait pas ce qu'on ramassait, on refaisait des pétards en mettant des graviers dedans ! Ça brûlait pas mais on y voyait que du feu. Laisse tomber ! Mais on lâchait pas l'affaire. On continuait à tâter le sol comme des oufs avec l'intérieur de nos mains grandes ouvertes pour pécho la poudre qui s'était barrée. La came était pas loin, c'est clair, mais allez ramasser de la poudre dans une cave qui baigne dans le noir.

Du coup on est passé à la seringue. Je la vois encore dans mon bras avec l'élastique bien serré au-dessus. Et le truc qui se barre dans le sang quand le pouce s'enfonce dans le plastique. Un gros coup de froid comme une décharge et le truc qui monte, qui monte. Et je pars tranquille, je penche la tête en arrière et je vois tout… Et puis les keums de la boxe ont débarqué. Ils m'ont tiré de là en gueulant je me rappelle plus quoi et ils ont foutu le feu à la cave. C'était un truc de ouf ! Tout a brûlé super vite. On aurait dit le KFC tellement ça sentait le poulet grillé. Y avait des bâches et des vieux pneus dans un coin. Ils avaient tout prévu putain. Ils avaient ramené de l'essence et ils en ont jeté partout. Même sur les gueules déchirées des autres lascars qui étaient au fond du trou. Ils avaient aucune pitié pour eux. Y avait que moi qui comptais. Mes potos de la cave essayaient de courir mais ils étaient trop dépouillés. Ils arrivaient même pas à se lever. Et pendant que les gros bras me remontaient à la surface, je voyais les autres prendre feu. Y avait rien à faire. Ils se roulaient par terre en poussant des cris de trisomiques. On aurait dit des gremlins après la douche. Et puis je me suis évanoui. Quand je me suis réveillé on filait dans la vieille camionnette blanche. J'étais à l'arrière et devant y avait les deux keums de la boxe. Au bout d'un moment ils ont stoppé, ils sont descendus et m'ont allongé par terre. Je croyais qu'ils allaient me soigner, me donner de l'oxygène, un truc, mais tu parles ! C'étaient pas des infirmiers ces gars-là. Ils m'ont fracassé la tête. Je recevais des coups de tous les côtés mais j'étais trop dans le coaltar pour avoir mal. Ma parole je criais même pas. Ils y allaient à coups de matraque et de semelle renforcée pourtant. Mais je savais que c'était le tarif. La règle.

Ensuite ils m'ont laissé croupir quelques jours dans une sorte d'entrepôt. Je savais pas trop où j'étais. Des mecs venaient me voir de temps en temps pour m'apporter à boire et à bouffer. Je leur parlais mais ils répondaient pas. J'en avais rien à foutre de savoir où j'étais. J'ai même pas cherché à me tirer. J'étais pas plus mal que chez moi. Y a que Nadia qui me manquait. J'arrêtais pas de penser à elle. Et puis les deux mecs, ceux qui m'avaient tiré de la cave, ils sont venus me voir. Ils m'ont dit que c'était ma faute et qu'ils m'avaient prévenu. J'ai répondu que je savais. Ils m'ont dit qu'il fallait plus jamais que je touche à la dope ni que je traîne avec les autres losers. Ils m'ont dit que parmi les autres keums qui squattaient dans la cave avec moi le soir où ils sont venus me chercher y en avait les trois quarts qui étaient bons pour la casse, complètement brûlés ou intoxiqués. Personne n'en avait rien à foutre d'eux de toute façon. La police disait qu'ils étaient morts d'une overdose et ça arrangeait tout le monde. C'est comme ça qu'on enterre les lascars. La came c'est déjà le cercueil.

Après plusieurs jours ils m'ont ramené chez moi dans la vieille camionnette blanche. Ils m'ont encore filé un peu de maille et m'ont dit de me trouver un vrai boulot. Ils allaient m'aider. J'ai accepté. J'ai taffé d'abord sur les marchés. Je l'avais déjà fait une fois avec mon pote Kader. On avait accompagné un pote à lui juste pour voir si ça payait bien, si c'était pas trop relou. C'est des darons qui font ça en général, le gros boulot surtout. Ils se crèvent la carcasse pour ramener un peu de rab à la maison. C'est dur, faut se lever tôt mais y a souvent pas le choix. La plupart ils ont ni la bonne adresse ni la bonne gueule, alors ils perdent le bon taf avant d'avoir à le chercher.

Le marché c'est pour les galériens professionnels, ceux qui veulent gagner des cacahuètes réglo. À cinq heures maxi faut être sur place pour déballer les cageots et installer les tréteaux. Ça s'arrête jamais. Et puis faut placer les produits sur les étalages. Et après faut se démerder pour vendre le plus possible sans s'en foutre dans les poches. Je le répète : c'est réglo le marché. Le patron surveille tout le temps. Il sait bien que c'est pas des mecs fiables qui bossent pour lui. Mais le plus dur c'était pas de déballer les cageots. Le plus dur pour moi, c'était de pas penser à la piquouse. J'y arrivais pas. Entre deux kilos de patates je pensais à m'enfiler une livre de dope. Je me disais que ça m'aiderait à mieux vendre les patates, que ça me ferait mieux voir du boss et qu'à la fin, tous les deux, on irait se taper un grec avec des frites. On pense à n'importe quoi dans ces cas-là ! Les carottes ça devenait des piquouses. Les haricots verts aussi. Et j'avais l'impression d'être un gros bonnet de la dope ! Je vendais ma came à tour de bras comme un vrai caïd ! Ça m'a jamais fait kiffé de me lever à l'aube pour vendre des patates bordel. Qui est-ce qui kifferait ça ? Mais y en a plein des mecs qui se tapent ce putain de taf à pas d'heures. Rungis et compagnie, les cageots, transpirer comme un bœuf toute la matinée, se niquer les mains avec les agrafes qui dépassent, hurler comme une brute : « Dix balles le kilo ! »... Ça fait réfléchir aussi. Et puis au bout d'un moment on est tellement crevé qu'on pense plus à rien. Les marchés, c'est une bonne cure de désintox pour les sans-oseille, les désossés, les zonards. Ça fait pas passer l'envie, ça c'est sûr. Mais au moins on y pense moins. Moi j'avais qu'envie de pioncer toute la journée. Je pouvais rien foutre d'autre. Même Nadia j'y pensais plus.

Mais un matin j'ai encore foutu la merde. J'y ai pas été au marché. J'ai fait autre chose, je suis parti au défonce-store en bas de chez moi. Au fond de chez moi plutôt. J'en pouvais plus. J'avais les yeux à l'envers tellement ça me manquait. Alors direct mon boss des cageots, il a appelé les mecs qui m'avaient fourgué chez lui et il leur a raconté que j'étais pas venu. Normal, il pouvait pas faire autrement l'enculé. Il avait besoin d'un type qui fasse le taf. Et s'il venait pas il fallait qu'il en trouve un autre et fissa. Aux deux mecs ça leur a pas plu du tout que je vienne pas. Ils avaient la rage. Ils sont venus chez moi et ils ont frappé tellement fort à la porte qu'ils l'ont défoncée. Moi je répondais toujours pas. J'étais au fond de mon lit. C'est ma mère qui leur a ouvert. Ils ont demandé où j'étais et bien sûr elle leur a dit. Direct dans ma chambre. La grosse embrouille. Ils m'ont pécho et m'ont plus lâché jusqu'à ce qu'on soit dans la camionnette blanche. Là l'un des deux m'a mis une grosse pêche dans la tête. J'ai vu cinquante mille étoiles en une seconde comme Obi-Wan Kenobi ma parole. Mais pas de bol, j'étais pas un Jedi. Je leur disais que c'était pas ma faute que j'étais malade, un truc du style. J'essayais de me défendre quoi. Ils ont pas kiffé mon mito. L'autre m'a frappé encore au même endroit. Putain ça faisait un mal de chien. J'ai cru qu'ils allaient me buter pour de bon. Mais à la place, ils m'ont blablaté comme d'habitude. Le speech, l'honneur et le « T'es réglo ? Alors nous aussi ». Et puis la camionnette a démarré.

6

Là où ils m'ont emmené ça changeait pas beaucoup de chez moi. C'était même pire putain parce que Nadia était plus là. J'étais dans une pièce crade et y avait les mêmes cafards sur les murs. Des cousins à ceux de maintenant et à ceux d'avant. J'ai l'impression qu'ils me suivent ces bâtards. Je suis sûr qu'il y en avait déjà dans mon berceau. Mais je sais même pas si j'ai eu droit à un berceau un jour. Tout ce que je sais, c'est que j'ai grandi avec les cafards, mes frères de lait.

Je pouvais pas sortir de la pièce. Mais j'étais habitué, ils m'avaient déjà fait le coup. De toute façon où je pouvais aller ? Nulle part. Toutes les issues étaient condamnées. Dans la pièce comme dans ma vie. Ma vie de misère dans la grenaille de l'enfer. Une vie de raté à faire clamser les cafards et à kiffer leur carapace qui craque sous mon poing.

Je suis resté des plombes dans la pièce à moisir comme un rat crevé. Juste à boire et à manger. Mais bon, au moins c'était du McDo. Je bouffais des cheese tous les jours matin midi et soir. Au bout d'un moment j'en pouvais plus des cheese. Ils me sortaient direct par le cul et en cash en plus. Après, dès que je voyais la petite boîte jaune du McDo j'avais envie de dégueuler. Je leur ai demandé autre chose. Ils m'ont ramené des chicken. O.K. ça pouvait aller. Tous les jours un des deux mecs venait me parler, me raconter sa life, ce qu'il faisait et ce qu'il pensait que je devais faire. J'ai rien retenu de ce qu'il me racontait. Je pensais qu'à un truc : ma came. Nadia et la dope se mélangeaient. Pareil que les cafards, elles me suivaient partout ces deux-là aussi. Et puis au bout d'un moment y avait plus qu'une seule dope : la meuf. Je parle pas de Nadia. Je parle de la femme en général. Je voyais personne dans cette putain de pièce. J'étais comme… Comment on appelle ça ? Un ermite je crois. C'est bizarre la tête. Y a des trucs qui se passent, des genres de transformations chelou. Des images remplacent d'autres images tu sais pas pourquoi. J'avais juste envie de voir des femmes ça s'arrêtait là. Au départ y avait pas de cul dans ma tête.

En retchatchant de cul ça me rappelle un autre

truc. Dans ma cité y avait deux bombes qui se la racontaient grave. C'était *Pretty Woman* génération caillera. Des michetonneuses quoi. Des seins et des bassins en pagaille et le paradis au fond de la grotte. Elles allumaient tout le monde à cinq kilomètres à la ronde. Des vrais lance-flammes. Elles devaient sniffer du kérosène wallah. Ces meufs, elles avaient ce qu'on appelle une « réputation ». Sale réputation. Elles disaient partout qu'elles étaient cousines. Des Rebeus je crois mais j'en suis pas sûr. Peut-être des Feujs ou autre chose. Rien à voir avec Nadia. Tu les croisais t'avais l'impression d'être comme dans la rue rouge d'Amsterdam. Je l'ai vue à la télé la rue à Amsterdam. Y avait un reportage une fois avec des meufs à poil hyper bonnes dans les vitrines. Ça doit venir de là le lèche-vitrine d'ailleurs. Bref nous, c'était la cité chaude. Et quand tu croisais les deux meufs, t'avais l'impression de mater des stars du X en cavale. Elles auraient pu gagner le Hot d'or du 93 ma parole. Mais l'histoire qui leur est arrivée putain, je m'en souviendrai longtemps. Je repense à ça maintenant parce que je l'annonce cash : je suis chaud comme la plaque qui sert à faire cuire les Big Mac. Je suis « sexuellement demandeur » comme elle dit ma psy. Je suis à bloc quoi. Même si je l'ai jamais fait. Ça me brûle les couilles. Je sais pas si ça fait la même chose aux meufs mais y a pas de raison pour que ce soit différent après tout.

Bon bref. Un jour les deux cousines elles se sont fait attraper. Pas par des mecs de chez nous parce que avec eux y avait pas de problèmes, elles pouvaient se la raconter tranquille vu que c'étaient des cousines. Non, ceux qui leur sont tombés dessus c'étaient des mecs d'une autre cité, des étrangers quoi. Ils traînaient en caisse et ils les ont pas ratées. Comme ils étaient beaux gosses elles sont montées, direct. Elles kiffaient bien se faire chauffer et raccompagner par des bad boys qui assuraient un peu plus que ceux de chez nous. Ça foutait la rage aux caïds du quartier mais ils y pouvaient rien vu que c'étaient des cousines. Le truc c'est qu'ils les ont pas du tout emmenées là où elles voulaient aller. Direction la zone industrielle. Stop au parking. Un dimanche soir. Le désert. Le mec qui m'a raconté l'histoire il était mort de rire. Il disait que ces putes s'étaient bien fait redresser. Tout le monde était au courant de ce qu'elles avaient pris. Et le Hot d'or, après, il flottait dans le cul. Le truc c'est que malgré tout leur cinéma elles étaient vierges il paraît. Plus après en tout cas. Ces meufs-là y en a qui disent qu'elles ont joué avec leur carburant, leurs corps quoi. Moi je les croisais de temps en temps vers la gare ou au centre commercial où elles traînaient et c'est clair que les deux Tabatha elles tchatchaient avec tous les mecs qui leur plaisaient. Elles les allumaient à la puissance des halogènes et croyez-moi, elles avaient une grosse puissance de feu. Je me disais qu'elles en crameraient bien un, un jour ou l'autre. Comme les mouches qui se font kéblo sur les ampoules mais sans l'odeur de poil brûlé. Mais voilà : c'est le contraire qui s'est passé. C'est elles qui se sont fait fonceder[1]. Ça me fout les nerfs cette histoire. Moi aussi j'aurais eu envie de baiser une meuf bonne comme ça. Au moins pour voir.

La pièce dans laquelle ils m'avaient enfermé les deux mecs elle était bien pour réfléchir. J'ai vraiment réfléchi un max là-dedans. Je repensais à Nadia et je m'imaginais avec elle. Avec ma mère aussi. Elle me faisait de plus en plus pitié. La pièce, c'était une chambre en fait. J'étais au troisième étage je crois. Y avait une petite salle de bains avec une douche qui marchait pas bien. L'eau était juste tiède, jamais chaude, et elle se barrait de tous les côtés à cause des fuites dans le tuyau. Quand j'ouvrais le robinet à tous les coups ça me pétait dans la gueule ! C'était dans la douche que j'avais le plus envie d'être avec Nadia. Je voulais qu'elle soit avec moi, assise entre mes cuisses. Et je la prenais par les cheveux. J'avais mal à la main à force de m'en servir. Je voulais son visage, son

1. Défoncer en verlan.

corps, son sexe. Ça devait être bon de rentrer dedans. Elle aurait aimé ça ?

Les deux filles du parking de la zone industrielle aussi j'en avais envie. Oh oui, putain, j'en avais envie ! Surtout elles. Mais d'une autre manière. Ça me prend la tête comment je ressens les choses ; je sais pas si on va me comprendre. J'arrive pas à bien expliquer ce que je veux dire. Faut imaginer deux meufs hyper bonnes qui viennent vers vous, vous auriez envie de faire quoi ? Clair, on est en chien quoi. Sérieux, on est des mecs, on est pas des pédés. Faut vous imaginer aussi comment elles vous regardaient. Leurs yeux entouraient les boules des mecs, style guirlandes des sapins de Noël. Pas étonnant qu'elles se soient fait dévorer. Plusieurs fois j'ai senti ce regard dans les yeux de ma mère.

Dans l'appartement les deux mecs que je connaissais ramenaient des potes à eux de temps en temps. Et ils se ressemblaient tous comme des gouttes de sang après une baston. Leurs yeux étaient les mêmes et moi, je me perdais dans la flaque.

J'ai toujours su que les yeux ils mentent pas. C'est le plus grand héros du cinéma, Tony Montana, qui le dit. Mais c'est vrai ce truc. Y a qu'à lire dans les yeux des gens qui vous regardent et ça suffit pour savoir s'ils mentent ou pas, s'ils vous veulent du bien ou s'ils veulent vous enculer.

Les yeux c'est deux petites choses fragiles qui n'ont qu'une idée en tête : dire la vérité, toujours. Et pour moi les yeux c'est mes meilleurs alliés. Mais ma parole leurs yeux à eux c'étaient des bombes nucléaires. Quand ils s'ouvraient j'avais l'impression qu'il allait en sortir une omelette aux champignons. Sérieux leurs yeux c'étaient des yeux de grands terroristes.

Et y avait pas d'armes contre leurs yeux. Avant j'avais jamais pensé à ce qu'il fallait faire quand quelqu'un me regardait mal. Je connaissais que la solution classique, celle qu'on applique tous ici : l'embrouille ou la baston. C'est comme quand je parlais des deux vieilles. Mais c'est différent parce qu'elles, c'étaient des meufs. Parce que aussi loin que je me souvienne, j'ai toujours vu des sales regards se poser sur moi. Y a eu celui de ma mère, celui des profs et je parle même pas de celui des keufs. Mais y en avait plein d'autres encore. Celui des bouffons de la télé qui se gavent d'intox. Celui de ces fils de putes de gangsters de la politique. Les magouilleurs de la première classe. Ceux qui vous donnent des leçons en se remplissant les couilles d'oseille dès que l'occasion se présente. Leurs yeux à eux ils mentent pas non plus. Ça non ! Quand ils parlent des quartiers c'est les yeux revolvers comme dirait la chanson de l'autre, je sais plus comment il s'appelle. C'est des putains de snipers évadés de la guerre du

Golfe. Leur but dans la vie, c'est de nous regarder comme s'ils voulaient nous exterminer. Mais pour ça c'est simple, moi je leur file un conseil gratos : comme on est de la merde et rien d'autre ils ont qu'à envoyer leurs mini-voitures vertes, celles de Paname qui servent à ramasser les merdes de chien. Ils en envoient une armée de voitures vertes et ça ira mieux après, il restera plus personne dans les cités. Pas besoin de flics. Toute cette histoire est une histoire de merde. Ils nous chient dessus et on attend que ça tombe en levant les yeux alors qu'on est déjà en train de se noyer dedans. C'est ce qu'ils m'ont expliqué les mecs de la camionnette blanche. Ils disaient qu'on n'avait pas conscience de ça. C'étaient leurs mots. Oui j'ai répondu. J'avais pas conscience de ça moi non plus.

Ce qui se passe dans les cités, c'est rien qu'une histoire de merde.

7

Aujourd'hui je me suis levé avec un vieux goût dans la tête. Un goût de pourri de mort quoi. C'est chelou ce goût-là. Ça ressemble à rien d'autre que je connais. Ça m'a fait les yeux mouillés et la bouche pâteuse comme après trop d'alcool. Et puis y a un sale truc dans mon ventre. Encore un creux. Même si j'y connais rien, je touche pour voir si tout est bien à sa place, je crois que oui tout y est. Mais y a ce putain de creux. Comme si j'étais suspendu dans le ciel deux kilomètres en l'air. Je crois que c'est parce que je flippe. Ça fait ça quand on flippe non ? Je sais pas ce qui va m'arriver encore. Je voudrais crever mais je sais même pas si ça ira mieux après.

Y a pas mal de musulmans avec moi en taule. Eux au moins ils savent ce qu'il y a après. Ils en sont sûrs. Ça les aide à tenir. Sérieux, même les tox. Parfois j'ai envie de me convertir. Je vais peut-être le faire d'ailleurs. Ils ont de la chance d'être musulmans. Ça change tout d'être sûr à ce point qu'y aura quelque chose après la merde. Ça fait du bien. Ça calme les nerfs.

Ça y est, j'ai encore envie de chialer. Avec les putains d'yeux mouillés fallait que je m'y attende. Faut que je m'arrête, y a que les dèp[1] qui chialent tout le temps. Mais j'y peux rien. Ça vient comme ça, sans que je sache quoi faire pour arrêter ces trucs de couler sur mes joues. J'ai le visage tout mouillé maintenant. Je suis une putain d'éponge. Dehors. Je voudrais être dehors. Être comme tous les gosses de mon âge. Avec leurs parents. Avec une famille. Dans un joli endroit où ça sent bon et où y a pas de cafards sur les murs. Ça me saoule d'être un terroriste international. Je voudrais être un mec normal. Serrer une meuf jolie et plus la lâcher. Avoir une mère normale qui me kiffe et que je kiffe. Je voudrais juste être un homme. Je voudrais aller me balader dans un jardin public avec elles, Nadia et ma mère, en leur prenant la main et en m'arrêtant de temps en temps pour les embrasser. À côté de moi, y aurait des enfants qui joueraient sur les toboggans et les balançoires. Il ferait beau. Y aurait la mer pas trop loin. Et je

1. Pédé en verlan.

pourrais enfin la voir. Je l'embrasserais elle aussi. Je m'installerais sur la plage, sur le sable froid, et je regarderais la lune se planquer derrière le ciel. Je la verrais pas complètement, juste un peu, mais c'est pas grave, je voudrais voir la lune au-dessus de la mer. Et puis je voudrais m'endormir sur le sable froid. Comme les mouettes. Je crois qu'elles font ça les mouettes. Elles jouent un peu entre elles à côté de la mer et après, elles s'endorment toutes ensemble dans le silence des vagues. Je voudrais être une vague aussi pourquoi pas ? Partir de loin et venir m'échouer sur le sable, lentement, sans pression, sous la lune que je pourrais voir tout le temps, même la nuit. Ça doit être beau une vague la nuit. Je suis sûr qu'on peut mieux la voir parce qu'elle n'est pas là. On fait que la deviner. On s'approche et on la caresse. C'est pareil avec une meuf. Je voudrais pas être quelqu'un de triste. Je voudrais être drôle et raconter des trucs drôles à mes gosses. Leur parler de ce qu'ils seront plus tard après l'école. Leur dire que la vie c'est pas toujours de la crasse et qu'il faut bien se tenir, bien agir, bien suivre le mouvement des vagues. Putain, des enfants. J'espère qu'ils auraient pas ma tête. Mais forcément que non puisqu'on doit être deux pour faire des gosses. Moi je voudrais rien leur donner de moi. Pas un seul centimètre de ma peau. Elle pue trop la merde. Je voudrais que ce soit leur mère qui leur donne tout. Surtout pas moi. Je serais même pas drôle avec eux je crois. Je leur parlerais jamais de la mer parce que je la connais pas et que je l'ai jamais vue. Ou alors il faudrait tout inventer. Et peut-être que tous ensemble on pourrait aller en vacances aussi. Au bord de la mer justement. Mais ce serait trop dangereux, je risquerais de tromper ma meuf avec la mer.

La psy elle m'encourage à inventer dans ma tête. L'autre fois elle a grave abusé : elle m'a demandé de lui raconter ce que je voudrais si j'étais pas là. Je me suis dit que j'allais vraiment la buter un jour, celle-là ! Je crois qu'elle m'aime bien quand même la psy. Je vois ça dans ses yeux. Ils ressemblent à des petits tableaux. Elle m'a dit que c'était bien de rêver. Elle m'a dit que ça suspendait les larmes dans le ciel, un truc comme ça. Elle sait que ça m'arrive de chialer de temps en temps. J'espère qu'elle m'a jamais vu. La honte. Mais pour être vraiment honnête, j'ai même plus honte de ça. Ouais je chiale, stop. Voilà. D'ailleurs mon papier est tout taché. Y a des ronds mouillés qui le traversent. Quand j'écris dessus les lettres se ramollissent, j'ai l'impression qu'elles deviennent vivantes parce que je les vois bouger. Et puis après sur ma page, y a des ronds qui se propagent. Ils sont petits et gros. Ma page peut me voir parce qu'elle a des yeux. Ou alors ce sont des trous qui absorbent mes lettres. Mais dans les deux cas, mes larmes sont là et j'ai plus honte. Y a la mer sur ma page.

Ça fait longtemps que je me suis pas rentré une piquouse dans le bras. J'en veux plus. J'ai pas besoin de ça pour être un paumé. Le reste ça suffit. Au moins les mecs de la camionnette blanche ils m'ont aidé pour ça. Grâce à eux j'y ai plus retouché. Faut dire qu'ils ont eu du boulot quand même ! Mes autres potos de came je sais pas ce qu'ils sont devenus. Peut-être qu'à force d'insister ils ont fini par le rejoindre pour de vrai notre petit bout de paradis. J'espère. J'y crois pas trop. C'est pas pour nous le paradis.

Qu'est-ce que ça pourrait être d'ailleurs le paradis ? Quand j'étais gosse, je me disais que c'était un bled où y avait pas de grosses barres posées par terre au hasard. Je me disais que c'était un endroit tranquille avec que des pavillons et des jardins avec pleins de fleurs. Que des gens qui sourient quand nos chemins se croisent. Pas de RER et pas de CRS bidon. Juste un coin où tous les gosses jouent entre eux, pas avec de vrais pétards en tout cas. Mon paradis, il a changé depuis. Maintenant je l'imagine juste dehors. Au coin de la rue. À l'extérieur de la taule. Dans les yeux d'une meuf. La piquouse, ça m'aidait à voir un putain de paradis qui existe pas. Et c'est con de croire à un paradis qui existe pas quand des gens bien réels crèchent dans des coins de paradis à deux pas de chez vous. Je suis sûr que ceux qui crèchent dans ces morceaux de paradis, dans leurs jolis pavillons avec des enfants qui bouffent des bonbons tous ensemble après l'école, ils se foutent pas de la came dans le pif à longueur de journée. Leur kif, il est là autour d'eux et ils risquent pas la taule pour le fourguer. J'espère que si y a un truc après la mort, on va pas encore nous faire l'embrouille du « On prend les mêmes et on recommence » ! Style ceux qui ont eu le paradis sur terre, ils l'auront après la mort et ceux qui ont eu droit à l'enfer eh ben ils le squatteront pour toujours. J'espère que les rôles seront inversés. Ce serait carrément kiffant de voir tous ces enculés bien sapés se faire enculer par la fourche du diable ! Et nous les anciennes racailles, on se la coulerait douce dans nos petites maisons avec nos gosses et nos meufs sous le soleil et la lune réunis. Mais je sais pas pourquoi je suis sûr que ça se passera pas comme ça.

Mon pote Kader, celui qui s'est fait buter par les flics, lui aussi il y croyait à fond au paradis. C'était sa religion. Dès qu'y avait une couille il disait que l'autre vie serait pas comme celle-là, qu'on aurait droit à tout ce qu'on avait raté là-bas dans la cité. Il avait toujours de l'espoir au bord des yeux. Le problème c'est qu'il s'est fait cramer et que son espoir il lui a servi à que dalle sauf à décorer la dalle sur laquelle on l'a couché. Mais même quand il a vu la balle arriver sur sa tête, je suis sûr qu'il a dû encore croire au paradis, plus que jamais. Il a dû accueillir la balle avec tous les honneurs qui lui étaient dus. J'espère juste qu'il l'a décroché au final son paradis de musulman. Parce que sinon il doit être vert de rage.

Mais le paradis y a rien à faire il est trop loin de la cité. Nous y a que le diable qui nous sourit. On est dans son royaume et quand on passe la larme à gauche pas besoin de jugement pour savoir où on ira. Notre place elle est la même de la naissance à la mort : c'est la décharge, le dépotoir, l'usine à embrouilles. Alors faut faire avec. Faut se démerder. C'est pour ça qu'on a inventé la combine. On est des combinards de première mais c'est juste pour tirer notre épingle du jeu pourri où on nous a enterrés. Mais on nous tire plus souvent dessus qu'on la tire de là où elle est, la putain d'épingle.

Y a des barreaux à ma fenêtre. Normal c'est la prison, c'est fait exprès. Mais comme je le disais au début, y en a toujours eu des barreaux. C'est juste qu'ils m'ont suivi jusqu'ici. Mon balcon aussi il en avait des barreaux. O.K., ils étaient pas comme ceux-là mais ils m'enfermaient aussi, à leur façon. Si je passais par-dessus je tombais cinquante mètres plus bas ! Quand j'étais gosse et que ma mère m'enfermait chez moi, elle savait bien que je pouvais pas me tirer. C'est pareil maintenant. Mais moi j'ai plus envie de me tirer. Je saurais pas où aller.

Wilfried c'était un Renoi de la cité, un vrai lascar. Quand j'étais encore là-bas, il s'est fait serrer à cause de son trafic. Rien à faire : flagrant délit de gros deal. Il a été en taule et avec des pseudo-potes à lui, il a essayé de se faire la malle. Ça a pas marché du tout. Les matons l'ont stoppé net dans son élan. Tout était prévu pourtant. Mais y a un enculé qui l'a balancé… Il y est toujours Wilfried à la zonzon. Ils l'ont pas raté le mec ! Tentative d'évasion ça va chercher loin. C'est comme ça : tous les moyens qu'on a pour se faire la malle c'est des sales moyens. Et on zigzague entre les balles des keufs, la came et les barreaux. Wilfried, il était beau gosse en plus. Il avait toutes les pétasses qu'il voulait à ses pieds, à la Snoop Doggy Dog. Moi ça m'a fait mal au cœur ce qui lui est arrivé même si je me disais qu'au moins comme ça, il pourrait pas toucher Nadia. Ça, ça m'aurait niqué pour de vrai.

Les barreaux, c'est pas devant nos yeux qu'ils sont le plus, c'est dans la putain de tête. Dehors à force de cogiter, de vous demander comment vous allez vous sortir la cage du crâne, vous finissez par faire une connerie et du coup, vous vous y retrouvez vraiment en cage. C'est vicieux ça encore. On peut passer de la cage qu'on a dans la tête à la vraie en trois secondes chrono. Mais la différence c'est que nous quand on arrive, on est déjà habitués aux barreaux. Et l'idée d'aller en cabane, pas celle au fond de la forêt comme il dit l'autre chanteur de meufs, elle est toujours là. Des HLM jusqu'au cimetière, on vit jamais dans plus de neuf mètres carrés. Et encore y a de sacrés obstacles. Même dans neuf mètres carrés. C'est comme au Monopoly sauf que le but pour nous, c'est pas de construire des hôtels, c'est de gagner son droit à la vie sans passer par Fleury. Mais y a pas des masses de gagnants. Un jour ou l'autre on passe tous par la putain de case zonzon. Et on peut même pas piocher de carte pour s'en sortir. C'est pas nous qui décidons. Ça dépend du ciel et de la nuit et de toutes les bonnes étoiles qu'on peut ramasser par terre. Et c'est pas pour voir tout comme dans un trou noir, mais des étoiles, jusque-là, y en a surtout eu des crevées.

Les mecs de la camionnette blanche, je dirai pas leurs noms. Ceux qui ont bien regardé la télé ces derniers temps doivent déjà les connaître. Mais pour moi c'est différent. Leurs vrais noms ça veut rien dire, c'est pour les autres, les parents la mairie et tout. C'est l'état civil comme on dit et cet état-là il s'étale comme une tache d'huile. Après wallah faut laver au Kärcher pour que ça dégage ces taches-là. Bref, et donc les mecs de la camionnette blanche quand ils sont venus me parler dans ma piaule au début, ils m'ont raconté leurs vies et j'ai senti direct qu'on avait de gros points communs. Eux non plus ils avaient pas trop ramassé de bonnes étoiles dans le caniveau de leur naissance. Ils s'étaient tapé que les trous noirs.

Les couilles par contre, ils savaient bien ce que c'était et pas que dans leurs boxers Armani. Eux ils voulaient grave croquer dans la grosse pomme à laquelle ils avaient jamais eu droit à cause de leurs antécédents de naissance. Ils voulaient croquer coûte que coûte, et même si la mort elle suivait derrière c'étais pas grave, ça faisait partie des risques du métier. Un sacré métier sur la vie de ma mère. J'étais impressionné.

D'ailleurs je sais pas trop comment y a des mecs qui deviennent aussi cruels que ça. Parce que eux, c'étaient pas des racailles de bas étage mais ça, je crois que je l'ai déjà dit aussi. Non, eux c'était autre chose. Ma parole c'était des maestros de l'embrouille. Ils étaient tous plus vieux que moi. Et toujours super calmes. C'était impressionnant. Ils avaient un truc de ouf au-dessus de leur tête. Comme les mecs des films. Style Bruce Willis ou Steven Seagal quand ils veulent tout démonter. L'aura ça s'appelle. C'est la psy qui m'a dit le mot quand je lui ai expliqué ça parce que je le connaissais pas. Bruce et Steven donc, fallait pas les chercher sinon ils vous brisaient la nuque à coups de patates bien placées. Mais attention, ces patates-là c'est pas celles que je fourguais sur les marchés. Et pendant qu'ils vous distribuaient les patates, ils vous regardaient bien dans les yeux en fronçant un peu leurs gros sourcils. Ils avaient le sang froid mêlé au sang chaud. Quand ils parlaient fallait pas l'ouvrir en même temps. Fallait juste écouter et puis répondre quand ils posaient une question. Celui qui ressemblait à Bruce Willis, il m'a mis un coup une fois juste parce que je l'avais interrompu. Mais après il m'a expliqué pourquoi il fallait pas que je l'interrompe. C'était une question de respect. C'est sacré le respect, c'est ce qu'on a de plus précieux dans ce monde, il m'a dit. J'ai répondu oui et j'ai compris vite fait qu'il fallait le respecter, Bruce, parce que sinon il pétait un câble en deux secondes et après c'était la rafale de patates dans la tête ! L'autre c'était plus style Steven Seagal. Surtout parce que c'était un géant, un drôle de mammouth avec une tête d'humain. Steven, c'est lui qui m'avait repéré dans la cité et qui venait me pécho en bas de chez moi.

Dans l'histoire ce qu'il faut retenir c'est qu'on pouvait pas trop se lâcher avec eux. Tchatcher de cul par exemple c'était puni direct. Bam, une patate dans les dents. Alors je me disais qu'ils étaient peut-être puceaux eux aussi. Côté meuf ç'avait pas l'air d'être le kif. Ils restaient entre couilles toute la journée. Moi ça me dérangeait pas. Forcément j'étais comme eux. Mais contrairement à moi ils zyeutaient jamais de paires de nibards ni de culs, même par la fenêtre. Je trouvais ça chelou ce truc de pas téma les meufs quand y en avait des tonnes à portée de zguègue.

Niveau meufs, Steven il avait une théorie. Il m'en a parlé un jour qu'on était que tous les deux dans la pièce à déglinguer des cheeseburgers. Ça m'a fait plaisir de taper la discut avec lui parce que je m'y attendais pas du tout. Et puis surtout, je captais totalement ce qu'il me racontait. En gros, il m'a dit que les femmes c'étaient des putes. J'ai fait un grand sourire et je lui ai dit que moi aussi je pensais ça. Alors là, il a fait une énorme grimace et j'ai vu les trous noirs qu'il avait entre ses dents. Sa gueule avait l'air stressé. J'avais l'impression qu'elle me disait de fermer la mienne. J'ai flippé parce que je me suis dit que j'avais mal répondu et qu'il allait encore m'en foutre une. Mais non. Il m'a juste dit que c'était pas toutes des putes mais que celles qu'il connaissait c'étaient des putes. Et seulement elles. Alors ça allait. Je lui ai dit que moi aussi celles que je connaissais c'étaient des putes. Et là je lui ai parlé de ma mère qui était une pute. Putain là, j'avais déconné grave. Je sais pas ce qui s'est passé. Je me suis retrouvé par terre alors que je bouffais sur le lit. Il m'a dérouillé avec sa grosse patte d'animal. Steven c'était un ours, pas un mammouth. Il m'a dit de plus jamais dire que ma mère c'était une pute. C'était ma mère point et il fallait que je la respecte pour ça. Je l'ai pas suivi sur cette idée Steven.

Bruce je crois qu'il m'a jamais trop kiffé. C'était juste avec ses potes qu'il était plus cool. Et encore cool, c'est un peu abuser. Il était jamais cool Bruce. Au début il venait pas trop tchatcher avec moi comme Steven. Mais comme le boss c'était Steven, ça me rassurait un peu. Une nuit y a eu un putain de bordel dans l'immeuble où on était. Bruce et Steven ils dormaient dans la pièce à côté de la mienne. J'étais enfermé, au moins au début, mais je pouvais aller où je voulais dans l'appart. C'est juste dehors que je devais pas aller. Et j'avais bien compris pourquoi. Donc cette nuit-là quand j'ai entendu le raffut, je me suis levé et j'ai regardé par la fenêtre. Y avait une armée de kisdés en bas. Je suis sûr qu'on pouvait voir briller leurs voitures de la planète Mars tellement y avait de gyros (pas les Grecs, les lumières sur le toit des caisses). J'entendais les pas de Bruce et Steven dans les pièces, ils avaient l'air en panique. Ils planquaient des trucs à l'arrache dans les placards. Et puis bam ! les kisdés ont défoncé la porte d'entrée. Et puis toutes les autres portes. « À terre, mettez-vous à terre ! » ils criaient. J'ai flippé ma race bordel. Je me suis allongé par terre direct et j'ai attendu qu'ils défoncent la porte de ma pièce à moi. Quand ils sont entrés j'étais déjà à plat ventre style je connais la procédure. Ça puait le cheese dans ma piaule, ils ont dû halluciner. Y en a un qui est venu vers moi et il m'a demandé mon nom. Il avait son calibre dans la main et il le pointait sur ma face. Mon nom je lui ai filé sans hésiter. Ensuite il m'a fouillé pendant que les autres fouillaient la piaule. Et puis ils se sont barrés. Les autres à côté ils avaient eu moins de chance ! C'était encore la BAC, la brigade anti-criminalité, les pires racailles que des mères aient mises au monde. Eux c'est les cow-boys et nous on est les bisons. Même pas les Indiens. Alors quoi qu'on fasse on est coupables et quoi qu'ils fassent ils sont innocents. Je crois que les mecs de la BAC, dans les cités, ils sont encore plus puissants que le président de la République. Bref les mecs de la camionnette blanche, ils se sont bien fait niquer sur ce coup. Mais les kisdés ils ont rien trouvé. Leur descente-surprise au milieu de la nuit a servi à que dalle et ils sont repartis les burnes dans le vent avec tout leur matos, leurs gyros, leurs calibres et en prime l'odeur de cheese sur leurs vieux bombers. Ils devaient chercher quelque chose que Bruce et Steven avaient bien planqué. Le truc c'est qu'avant de partir, ils avaient laissé leurs empreintes partout, et pas que par terre. Bruce et Steven ils avaient pu rien faire même avec leur kung-fu : les empreintes des kisdés, ils les avaient partout sur la gueule.

8

Juste à côté de ma cellule y a un keum qui me saoule toute la journée avec les Feujs. Il en a gros sur la patate j'ai l'impression. À la télé ils racontent aussi que c'est notre faute si dans les cités on les dérouille dès qu'on en voit un zoner. Mais on est pas tous des barbares, faut pas abuser. Moi la vérité, j'en ai rien à branler des Feujs. Je les trouve même grave au top dans *La Vérité si je mens*. Surtout avec l'histoire de José Garcia qui appelle une pétasse à qui il raconte qu'il a grave envie de se la faire et qu'il va lui casser ses pattes de derrière tellement il va la niquer fort, style marteau-piqueur. Mais le problème c'est qu'au bout d'un moment, il se rend compte que c'est sa mère qui est au bout du fil et pas du tout la chaude du cul avec qui il croyait tchatcher. Ça c'est un grand moment de cinéma.

Moi le seul truc qui me fout en l'air, c'est que

les Feujs se tapent tous des cartons pendant que nous on se tape des bâtons. C'est clair ils nous cassent juste un peu les couilles parce que y en a pas mal qui réussissent et que nous on gloutonne le bitume. Mais tant mieux pour eux s'ils réussissent. Moi je m'en fous. Bruce et Steven ils me disaient un truc très juste à propos des Feujs, c'est que faut faire qu'un truc c'est regarder comment ils font et essayer de faire pareil. Au fond ils en avaient rien à branler des Feujs eux non plus. Ils disaient juste que si y avait eu un Feuj avec eux dans leur business, ça les aurait aidés à se faire plus de maille.

Ce qu'il y a de marrant avec les Feujs, c'est quand ils se la racontent style on est les élus. Là ils sont super forts pour faire croire à tous les guignols comme nous que s'ils sont au top, c'est parce qu'ils sont élus. Et puis nous on y est pour rien dans toutes les merdes qu'ils ont eues avant, la Shoah et tout ça. Mais je crois pas qu'ils aient capté qu'on avait rien fait, que c'était pas nous qui étions là-bas avec les sales enculés qui leur ont fait ça. Les cités elles étaient même pas construites si ça se trouve. Mais au bout du compte, à force de nous parler tout le temps des Feujs, on en rêve la nuit ma parole ! Ça m'a fait ça plusieurs fois. J'allais pioncer et je voyais des Feujs partout autour de moi. Une nuit j'ai même vu Patrick Abitbol au bord de la piscine et il m'appelait pour venir pécho un havane avec lui en matant une blonde avec des énormes seins qui barbotaient dans l'eau. J'ai kiffé ma race avec Patrick mais quand je me suis réveillé, y avait plus ni bombe atomique ni piscine. Juste une vieille odeur sur mes doigts. C'était peut-être la trace du cigare.

Alors les Feujs ils me font ni chaud ni froid. Sauf les meufs bien sûr. Elles me réchauffent partout elles ! Respect parce qu'elles sont toutes hyper bonnes les Feujs, je sais pas comment ça se fait. Même pour faire des gosses elles ratent jamais leur coup. C'est juste qu'au bout d'un moment y en a ras le bol de les entendre se la ramener avec des trucs qui datent de la préhistoire. S'ils arrêtent pas de zyeuter le rétroviseur y a des chances pour que toute cette histoire se finisse dans le mur. Et c'est toujours les mêmes qui se prennent les murs dans la gueule.

Un mur à la base ça sert à se protéger. À stopper net celui qui veut rentrer ou sortir. Comme celui que je vois de ma fenêtre. Mais un mur autour d'un pays ça fait bizarre non ? Là-bas ils disent qu'ils ont construit leur mur pour se protéger des autres qui veulent rentrer pour foutre le dawa parce qu'ils en ont ras le cul de se faire traiter comme des chiens dans leur pays natal qui existe plus. C'est compliqué tout ça mais j'essaye de comprendre. Putain j'y connais rien dans l'histoire du monde moi mais y a pas eu des moments déjà où des keums étaient tellement sûrs d'être les plus beaux et les plus forts et les meilleurs du monde entier qu'ils traitaient les autres comme des chiens ? C'est pas parce qu'on se croit élu qu'on peut cracher sur la gueule des recalés. Voilà ce que je pense. Ouais, je sais, mon opinion elle compte pour walou[1] vu que maintenant on dit partout que je suis un cousin de Ben Laden et que Ben Laden il est pas trop en odeur de sainteté dans le pays d'Israël. C'est vrai qu'il porte pas le truc comme une galette sur la tête. Je me souviens plus du nom. Tout ce que je sais, c'est que l'histoire du mur ça ressemble grave à celle de ma cité. Je crois que dans tous les coins où c'est la merde y a du béton pas loin. Alors le bled des Palestiniens, c'est juste une grande cité enfermée dans un mur. Exactement comme on est nous. Sauf qu'ici y a moins de tanks mais je suis sûr qu'y a autant de misère dans la tête. Et ce que je crois aussi c'est que ceux qui ont construit le mur ils sont peut-être feujs mais tous les Feujs sont pas comme ceux qui vont dans les rues en Palestine pour buter des gosses en disant qu'ils le font pas exprès.

Je lui ai dit tout ce que je raconte là au keum qui me prend la tête avec les Feujs. Lui aussi il

1. Rien en arabe.

venait d'une cité, vers Malakoff. Mais il a pas kiffé mon discours. En échange il m'a versé un bout du Coran dans ma main et il m'a expliqué ce que ça voulait dire. Moi j'ai lu mais j'ai pas compris la même chose que lui. Alors il m'a dit que c'est lui qui avait raison et moi qui avait tort. Le fils de pute, il croit que je sais pas lire mais c'est lui qui lit à l'envers.

J'en ai discuté un peu avec la psy une fois. Je lui ai demandé ce qu'elle en pensait des Feujs, tout ça. Elle a rien répondu. Elle m'a dit que c'était elle qui posait les questions dans l'histoire. Alors je me suis demandé si elle était pas feuj elle aussi par hasard. Mais je crois pas. Elle s'appelle Isabelle il paraît. Mais bon ça veut rien dire les noms. Y en a plein qui en changent parce qu'ils veulent pas qu'on les reconnaisse. Y a des Rebeus qui font pareil. Pour les Renois c'est un peu plus dur parce que même s'ils attrapent d'autres noms au passage, ça se verra toujours qu'ils sont renois. Bref. Donc la psy peut-être qu'elle est Feuj et que c'est pour ça qu'elle veut pas me répondre. Putain j'ai oublié qu'on avait pas le droit de demander à quelqu'un s'il est feuj parce que c'est puni par la loi. Et d'ailleurs je sais même pas si on va pas me dénoncer à la police qui est chargée de vérifier qu'on parle pas mal sur les Feujs rien que parce que moi j'en parle un peu en secret. Mais c'est pas cruel ce que je dis. Moi j'en dis pas de mal wallah.

Je dis juste qu'il y a d'autres trucs qui comptent dans la vie de ce putain de pays à part eux. Même s'ils sont élus.

Les mecs de la camionnette, Bruce et Steven, après la descente foirée des kisdés ils m'ont dit qu'on allait changer d'endroit. Moi j'en avais rien à foutre de changer d'endroit ou de rester là. Je leur ai rien demandé. Je savais qu'il fallait pas avoir l'air curieux surtout. On commençait à bien s'entendre eux et moi. On devenait pas des vrais potos, ça c'est sûr. Mais des vrais potos à part Kader et Benoît j'en ai jamais eu. Benoît aussi il est mort y a pas longtemps. Coïncidence de ouf ma parole. Je l'ai su par un keum de ma prison. C'est lui qui lui fournissait le crack. Paraît qu'il a eu une putain d'overdose dans une cave de Saint-Denis. Il se shootait sévère. Paraît aussi qu'il avait attrapé le dasse[1] et que sa mère avait trouvé des seringues mortes dans ses sapes un jour qu'elle faisait tranquillement tourner la machine à laver. Benoît il avait plus de respect pour elle. Il lui parlait mal et son daron il lui mettait un tas de tartes dans la gueule pour lui remettre les idées dans le bon sens. Mais ça a pas marché. Il est resté tordu. Alors ils l'ont dégagé. Normal. Ça se dégage les shootés. J'en sais quelque chose. Faut

1. Sida en verlan.

les foutre en l'air sinon c'est eux qui se foutent en l'air. Donc Benoît, il a crevé avec son rap entre les dents, comme le dentier d'un vieux. Et c'est son casque de discman avec de l'Arsenik dedans qu'il était en train de bouffer quand des mecs l'ont serré ! Arsenik, ils auraient pas kiffé de se mater dans la bouche crackée de mon pote Benoît.

Des potos, comme j'en avais pas des tonnes en stock, j'en inventais dans ma tête. Ils étaient là, au chaud, et y avait pas de risque qu'ils se barrent. Comme mon arbre au bout du chemin. Lui c'était mon pote le plus fidèle. Je suis sûr qu'il sera encore là dans un siècle quand moi je me serai pris la fourche du diable dans le cul et que je croupirai au fond d'une tombe remplie d'os jusqu'à la gueule. Donc avec les mecs de la camionnette j'avais pas trop le choix. C'est pour ça que ça devenait des potes. Quand on réussit à trouver des mecs qui vous gerbent pas dessus quand vous leur parlez, ça fait du bien.

Bruce et Steven ils avaient des tas de combines. Les téléphones portables, les télés écran plat LCD plasma 16/9 digital dolby stéréo surround je sais pas quoi encore. Et puis la sape mon frère. C'étaient des pros de la récolte. Les agriculteurs de la hi-fi et les pêcheurs de la marque. Dans leurs placards y avait tout le monde : Armani, Hugo, Lacoste, Gianfranco Ferré. La vérité ils étaient tous au rendez-vous les big boss de la mode. Bruce et Steven ils roulaient pas en Diesel, non. Leur kif à eux c'était le top de la griffe et pas celle fabriquée dans le Rif. Ils voulaient seulement du pur *made in Italy*. Ils étaient sapés comme des P-DG ou des mecs de la télé. Style Bernard Tapie. Je sais plus si j'ai déjà dit que je le kiffais bien, lui. Ben voilà, c'est fait. Bête de keum. Lui aussi il s'est fait dégommé la tête à force de trop vouloir croquer. Et au dernier moment pour bien le fumer, ils ont changé les règles et Bernard il s'est retrouvé sur le tapis le cul par terre et les milliards dans l'éther. Endormi les baskets en l'air. Niveau style Bruce et Steven ils étaient un peu pareils : ils attiraient le regard quoi.

Moi j'étais tellement à l'arrache que je prenais tout ce qui venait. Ils avaient toujours des plans pour des lascars comme moi. Heureusement parce que c'est pas la starac les cités ! On est pas tous réunis dans un château pour devenir des stars de la télé avec Julien Clerc et Carla Bruni qui se ramènent en s'emballant pour vous remettre dans le droit chemin une fois que vous vous paumez quelque part entre les tours et les barres. Non, y a que le béton pour nous stopper. C'est le seul garde-fou pour des défonce-murailles de racailles. Mais le but au final, ça reste le même pour tout le monde : faire de la maille. Vite fait. Y a que ça qui nous unit maintenant, Feujs ou pas Feujs ! On est prêt à tout pour sortir du trou. Du gros ravin des cités. Venez, faut pas avoir peur d'approcher : y a que nous qui tombons dedans ! Alors quand j'étais avec Bruce et Steven c'était un peu comme si je venais de rentrer à la starac. Ils étaient là autour de moi. Ils surveillaient mon taf et ils venaient me parler quand ça allait pas.

Alors on a fait un peu de biz ensemble. Au bout d'un moment ils m'ont refait un peu confiance. J'ai pu sortir, aller dehors. J'ai recommencé à livrer leurs cartons. J'en récupérais aussi, chez des keums flippants que j'avais jamais vus. Mais comme je l'expliquais à la psy, je savais rien sur l'intérieur des cartons. C'est vrai je foutais pas ma tête dedans. Faut qu'elle me lâche la grappe avec ça. La curiosité, quand on l'a qui dépasse, faut la bloquer bien au chaud derrière ses yeux. Le principal c'est que j'avais plus envie de me shooter. J'en avais plus rien à foutre. Je les respectais ces mecs. Ils m'emmenaient avec eux dans des restos à Paname. Bruce il avait une caisse de ouf, une BMW, avec des baffles énormes à l'intérieur. De la balle. Elle était belle sa caisse. J'aurais voulu en avoir une comme ça moi aussi un jour pour emmener Nadia au bord de la mer.

9

Un jour j'ai appelé ma mère. Je sais pas ce qui m'a pris. Mais bon c'est ma mère quand même. Même si c'est une pute et qu'à la base, c'est à cause d'elle que je suis là. Contrairement à ce qu'ils racontaient Bruce et Steven, je lui devais rien à ma mère. Mais un coup de fil c'était pas la mort après tout. Alors je l'ai appelée et elle a décroché. Elle m'a même pas demandé où j'étais ni ce que je devenais. Elle m'a juste dit qu'elle était avec quelqu'un et qu'elle pouvait pas rester longtemps parce que le quelqu'un il l'attendait. Je lui ai dit que j'allais bien et que je gagnais de la thune maintenant. Elle a rien dit pendant dix secondes et puis elle l'a ramenée en disant que puisque je gagnais de la thune, j'avais qu'à lui en filer un peu parce qu'elle était à la ramasse en ce moment pour payer le loyer. Putain, on était au début du mois et elle avait déjà cramé les allocs.

La vérité c'est que je ramassais pas trop de billets encore. Mais Bruce et Steven ils m'avaient dit que ça allait pas tarder si je faisais du bon boulot. Et je voulais faire du bon boulot donc y avait pas de raison pour que je gagne pas ma part. Mais ma mère, elle a tilté direct. Du calme, je lui ai dit et puis aussi que je lui donnerais pas d'oseille pour l'instant mais que peut-être plus tard je lui en donnerais si j'en avais assez pour moi et pour elle. Elle a encore attendu dix secondes avant de lâcher : « O.K. J'y vais. Salut. » Et puis elle a raccroché. Et moi je suis resté comme un con avec le téléphone sur l'oreille et le bip-bip-bip à l'intérieur. Quand j'ai décidé de raccrocher, je me suis dit qu'elle allait rappeler après avoir tiré son coup. Mais elle a pas rappelé. Elle en avait rien à branler de moi. Elle préférait son client.

J'ai raconté l'histoire du coup de fil aux autres et ils ont halluciné. Mais ils m'ont redit ce qu'ils m'avaient dit avant. Que c'était ma mère et tout le blabla. O.K. j'ai fait. Et je suis parti dans mon coin pour réfléchir. Sérieux, c'est quoi une mère qui fait ça ? C'est encore une mère ou quoi ? Moi je m'en fous du putain d'accouchement et tout le bordel. Ce que je vois c'est qu'une meuf qui s'occupe pas de son gosse jusqu'à ce que lui ou elle crève, c'est pas une mère, point. Je comparais avec la mère de Kader. Fallait voir comme elle se bougeait le cul à droite à gauche. La mairie, l'enquête avec les flics, les services sociaux. Elle parlait à peine le français mais elle faisait tout ce qu'elle pouvait. C'était une vraie mère.

La mienne elle racolait tout le monde sauf moi, son propre fils. Si elle m'avait pissé dessus ç'aurait été la même chose. Je sais pas pourquoi elle faisait ça. Moi j'aurai pas de gosses. Sauf dans mes rêves, avec Nadia tout ça. Mais si j'en avais eu je crois que je serais parti super loin parce que c'est vrai qu'on peut pas bien élever de gosses dans le coin où j'ai grandi : c'est comme les fleurs, ça pousse mal dans le béton. Sauf les chrysanthèmes. Des pères y en a plus des masses non plus. Moi je sais pas ce que c'est un père. Et si j'avais été père, j'aurais pas trop su ce qu'il fallait faire. C'est vrai, il doit faire quoi exactement un père ? En tout cas il doit pas se barrer juste après avoir lâché ses graines parce que sinon elles tombent direct dans le bitume. Dans mon cas, mère et merde ça a la même racine !

Mais je voudrais bien des gosses. Juste pour voir ce que ça fait. Pour voir si moi aussi je suis un enculé avec eux. Non. Je voudrais vraiment des gosses avec une meuf. Au moins pour les faire ! Y en a qu'ont pas le choix. Ils mettent pas de capote une fois et bam, c'est le gosse qui arrive comme une Ferrari. Pas le temps de réagir, faut faire avec. Et les meufs elles font quoi dans ces cas-là ? Je ferais quoi moi ? Y en a pas mal qui voulaient pas être mères au départ. En tout cas pas aussi vite. Mais pas le choix. Ça vient comme une balle perdue. Et on peut jamais prévoir la putain de balle qui se perd en plein milieu de ton corps parce qu'un enculé a tiré un coup sans avoir lu le mode d'emploi. Alors au bout du compte, y en a qui deviennent des sales mères comme la mienne, juste parce que des crevards en rut les ont lâchées au milieu de l'autoroute. Et après y a la « réputation » qui vient se coller sur leur peau, comme la glu, pile au même endroit que la balle qui s'est paumée. Et où qu'elles aillent, elles ont la réputation d'avoir fait un gosse donc d'avoir baisé sans capote avec un keum qui s'est barré donc qui la kiffait pas. Et un gosse à dix-sept ans, c'est chaud à gérer pour une meuf sans keum. Surtout si elle est d'une famille du bled qui réagit mal à ce genre de truc. Ouais, ça devient chaud pour son cul à la meuf. Faut qu'elle gagne de la thune, faut qu'elle se démerde. Et puis y a la religion qui s'en mêle : pas question de se faire foutre des trucs dans le ventre style aspirateur pour récupérer la marchandise et la balancer dans un évier dégueulasse. C'est un itinéraire de meuf niquée. C'est pas beau à voir.

J'ai pas trop de mère mais j'ai encore moins de père. Je sais pas qui c'est ni ce qu'il est. Je suis peut-être rebeu ou renoi mais j'en sais rien. Renoi je crois pas parce que j'ai pas la peau renoi. C'est clair, c'est facile à voir. Ma mère a jamais tchatché sur mon daron.

Je sais juste que quand j'étais petit on m'appelait Silou. Sale nom d'enculé, je sais pas pourquoi. Sûrement à cause de mes initiales ou un truc dans le genre. J'ai jamais kiffé ce surnom de tapette. Alors en me matant dans le miroir, je me dis parfois que je suis peut-être Rebeu. J'y ressemble un peu. Je kifferais bien être un Rebeu wallah. Au moins quand t'es rebeu, tu sais un minimum d'où tu viens. T'as intérêt faut dire parce que quand on fait tout pour que tu sentes que c'est pas qu'on t'aime pas, mais enfin bon, c'est pas franchement chez toi ici ce pays la France, vaut mieux avoir un autre bled bien accroché dans la tête pour rêver un peu et oublier celui qui veut pas de ta sale gueule. D'ailleurs je sais pas comment ils font les Rebeus pour pas encore plus péter les plombs. Sérieux, ils sont costauds niveau mental. Enfin pas tous bien sûr. Y a un max de paumés aussi chez les Rebeus. Sauf qu'il faut aussi regarder d'où ils viennent les paumés. Ils viennent du même endroit que moi : de la cité qui ronge le crâne.

Mais quand même j'ai vu Kader et ses cousins. C'est pas pareil. J'ai vu sa mère. C'est pas pareil. Y a rien à faire, c'est pas pareil. Y a de la dignité dans tout ça. Y a du respect. Ils s'aident entre eux un minimum. Et puis vu d'où ils viennent, ils peuvent aller voir la mer de temps en temps. Ça change tout, ça aussi. Même si je sais qu'être rebeu c'est pas une sape facile à porter aujourd'hui. À cause de l'actualité des bombes, tout ça. Ça nique tout. Ça fausse le jeu. Et dire que la putain de sa race de société elle leur crache à la sale gueule dès qu'elle en croise un dans le métro, ça me fait flipper sérieux je me dis qu'y a plus d'espoir.

Bref parce que moi je suis pas rebeu. Bon, O.K., y en a des Rebeus qui ont la peau blanche et les cheveux pas crépus. J'ai pas les cheveux crépus moi. Mais j'ai pas les yeux bleus non plus. Je suis comme le soldat inconnu. Personne sait qui je suis. Ma mère m'a embrouillé et maintenant je suis dans le brouillard total. Ma mère elle peut gagner l'Oscar de la meilleure embrouille. Elle aussi elle a un putain d'itinéraire de meuf niquée. Mais je voudrais bien savoir par qui, sérieux, parce que ça changerait beaucoup de choses. Après tout y a pas à se prendre la tête pendant des plombes. Je suis un bâtard et puis voilà. Je suis un itinéraire de bâtard niqué.

Les mecs de la camionnette ils le savaient que j'avais pas de daron. Peut-être qu'ils essayaient de se la jouer on est tes darons, mon pote. Mais je crois pas. Ils avaient pas du tout le style daron ces mecs-là ! Et puis eux aussi ils avaient pas l'air très net avec leurs origines. Je sais pas d'où ils venaient et je crois qu'ils le savaient pas eux-mêmes. Et moi j'allais pas leur demander leur CV style brigade de l'état civil. Parfois je me dis que c'est mieux comme ça, de pas avoir de père. Si j'en avais eu un, il m'aurait donné une identité que j'aurais peut-être pas voulue. Maintenant en zonzon y a des mecs qui se sont spécialisés dans les enquêtes à la FBI. « D'où tu viens ? C'est qui ton père ? » ils me demandent. Je leur dis que je sais pas et eux ils trouvent ça très très chelou. Style le mec qui cache ses origines. Mais je cache rien moi. C'est juste que j'en ai pas des origines et que ça me manque.

Si j'avais un vrai pays à moi ce serait un bled dans lequel y aurait pas de cités déjà. Parce que ça c'est le dépotoir assuré. Et sauf si on est tous des éboueurs, je vois pas ce qu'on fout là. Mais même les éboueurs ils sont pas éboueurs vingt-quatre heures sur vingt-quatre quand même. Le soir quand ils rentrent chez eux avec leur femme et leurs gosses, c'est des mecs comme tout le monde non ? Les cités je vois pas la différence avec des prisons en plein air. On met juste du ciel entre les tours pour camoufler la misère. Dans mon pays à moi, celui que j'ai inventé dans ma tête, y a pas de tours, pas d'embrouilles et tout le monde a le droit de baiser qui il veut. Ce serait chanmé ça. Un pays où même moi je pourrais baiser n'importe qui ! Mais pas dans des caves ni sous des arbres, dans des chambres d'hôtel de luxe comme à Las Vegas. Ouais. Las Vegas c'est pas mal comme vrai pays. Ou alors ça pourrait être un paradis, j'en sais rien.

Bruce il était un peu rebeu. Il croyait dans le paradis et dans l'enfer et il avait un tas de mots pour se repérer sur la voie de Dieu. Je l'appelle Bruce quand je pense à lui parce qu'il lui ressemblait grave au vrai Bruce, celui qui se tapait l'une des meufs les plus bonnes de la terre avant qu'il lui refile ses gosses et la moitié de sa thune. Bref. Le paradis de Bruce c'était quelque part en pays rebeu. Même s'il faisait pas la prière ni tous les autres trucs que ceux qui sont en taules ici avec moi font toute la journée, je sais plus combien de fois. J'ai pas de Dieu moi. Ça me manque ça aussi. Ceux qui sont avec moi, ils le kiffent grave leur Dieu. C'est tout ce qui leur reste d'ailleurs alors c'est clair qu'ils se raccrochent à lui comme des oufs. Pour pas tomber encore plus bas, au fond de la vie ou dans ces parages-là. Est-ce que mon père il croyait en Dieu ? J'aimerais bien parce que comme ça je serais quelque chose d'autre. Et j'aurais peut-être une chance de le trouver mon vrai paradis un jour quand je zonerai de l'autre côté de la barrière. Quand je serai plus un bison que les cow-boys veulent abattre avec leurs lassos à canons sciés.

Ma mère elle croyait à rien d'autre qu'au cul pour se sauver de la merde dans laquelle elle était jusqu'au cou. Elle aussi ça lui aurait peut-être fait un peu de bien d'avoir un Dieu quelque part qui la surveille, qui lui explique qu'il faut bien se tenir quand on a un gosse et que c'est pas bien de l'enfermer dans sa chambre pendant qu'on baise avec un étranger contre un peu du loyer. Nadia, je suis sûr qu'elle croit en Dieu. C'est pour ça aussi que j'aurais jamais pu avoir de gosses avec elle. Son Dieu il aurait mis le veto direct. « Nadia, tu baises pas avec ce fils de pute qui n'a ni père ni Dieu » qu'il lui aurait dit.

Mais là où je suis, je me dis quand même que ma mère elle avait une bonne raison de pas croire en Dieu : ça fait gagner du temps. Parce que de toute façon, Dieu ou pas Dieu, dans les barres et les tours, on a tous la même adresse.

10

J'ai encore vu la psy ce matin. Elle avait une jolie robe bleue et je pouvais bien voir ses seins à travers. J'avais envie de la toucher mais je me suis retenu. Putain. Ils devraient pas foutre des meufs comme ça avec des mecs tordus. Un jour ça va vraiment partir en couille, c'est le cas de le dire. Cette fois elle voulait savoir exactement comment ça s'est passé le matin où j'ai appuyé sur le détonateur. J'ai rien dit. Je me la suis fermée. J'avais juste envie de toucher ses seins parce qu'ils étaient en face de moi, ils bougeaient pas et je sentais qu'ils me regardaient. Comme des gros poisons style des mérous je crois que ça s'appelle, j'ai vu ça y a pas longtemps dans un documentaire sur Arte. Le mérou il était là, à l'affût, dans le coin d'un rocher et il matait le paysage. Personne osait s'approcher de lui parce qu'à cause de sa taille il impressionnait grave tous les autres petits poissons qui étaient à côté. On le respectait le mérou. Mais pas une paire de seins, même gros comme des mérous. Et donc la psy elle était là sur sa chaise, elle le faisait pas exprès mais dès qu'elle se baissait un peu je voyais ses mérous à l'intérieur de son soutif et ça m'excitait. Je voulais sortir mon fusil-harpon. D'ailleurs j'avais la gaule style canne à pêche. Mais elle, elle arrêtait pas de me chercher avec ses histoires et ses putains de questions. Et à force c'est elle qui a gagné. Alors je me suis retenu dans ma tenue de taulard. J'ai lâché ma gaule et laissé filer les mérous. Faut vraiment être armé jusqu'aux dents pour avoir une chance d'en ramener une paire à la maison.

Je regarde par la fenêtre mais j'arrive plus à voir plus loin que les barreaux. C'est comme si j'avais un problème dans mon cerveau. J'essaie d'ouvrir les yeux et de dépasser ces putains de trucs en fer qui me bloquent la vue mais y a rien à faire. Ça marche pas. Y a que ces barreaux qui sont là devant moi où que j'aille. Le mec du procès, celui qui a tapé la discut pendant deux heures en saoulant le jury avec ce que j'avais fait de mal (c'est lui qui disait ça) pendant toute ma vie, il a fini son speech en parlant des barreaux. Il a dit, je m'en souviens bien : « Ces gens-là méritent de se retrouver derrière des barreaux parce qu'ils sont une plaie pour la société. » Mon avocat m'avait dit de fermer ma gueule. Mais quand j'ai entendu ça, je me suis levé et j'ai dit que c'étaient les autres qui étaient des plaies pour la société. Les juges et leurs robes ils ont pas du tout kiffé. Et le grand juge du centre lui aussi il m'a demandé de fermer ma gueule parce que ça aggravait mon cas. Franchement je vois pas ce qui aurait pu l'alléger de toute façon.

Donc la psy, elle voulait savoir des trucs sur ce que j'avais fait avant. Elle voulait refaire mon procès. Il manquait plus que cette enflure d'avocat, le petit guignol qu'on m'a collé d'office au cul qui voulait savoir des tonnes de trucs lui aussi. Mais comme d'hab j'ai rien dit. Ma parole, quand tu parles c'est pire que tout. En fait ils avaient tous raison les juges et compagnie. C'est vrai que les barreaux je me les prends en plein dans la gueule toute la journée maintenant. Je sais toujours pas si je les mérite mais quand toute la société est contre vous faut faire avec, faut accepter. Et avant, moi, j'acceptais pas.

Mon procès c'était ma fête. Un grand festival pareil que Cannes mais avec des récompenses à l'envers. Là on distribuait les barreaux. Et on en a tous pris un max. Les mecs de la camionnette blanche, ils étaient plus là pour recevoir leurs prix. S'ils avaient été là peut-être qu'avec leurs airs de beaux gosses et leurs sapes Hugo Boss ils auraient impressionné les juges et le jury : ces mecs-là, s'ils sont bien habillés comme ça, ils peuvent pas être criminels comme on dit qu'ils le sont, ils auraient pensé. C'est vrai qu'ils avaient toujours des costards flambant neufs et des chemises toutes blanches. Mon avocat il m'avait rien dit par rapport au style que je devais avoir pendant le procès. C'était son premier procès important et lui il s'était fait beau le bâtard mais moi, que dalle. J'avais mon survêt Nike, celui avec la capuche. Wallah je ressemblais à Mike Tyson ou à l'enculé de *La Guerre des étoiles*, l'empereur de la galaxie, là. Ça aussi ça a dû faire flipper les jurés. Ça puait le mal à plein nez. Bon, et pendant que les autres avocats tchatchaient sur moi, mon enculé d'avocat à moi il fouillait dans ses papelards comme un malade. Et il tremblait style l'ancien pape. Il arrivait pas à parler non plus et il prononçait mal mon nom. C'est normal que les juges l'aient pas kiffé. Je le kiffais pas non plus. Personne le kiffait. D'ailleurs c'est peut-être lui qu'ils ont jugé.

Ça c'était le procès. Avant y a eu tout un tas d'événements qu'il faut que je raconte parce que sinon on comprend rien. Avant que ça merde j'étais toujours avec les mecs de la camionnette, Bruce et Steven, dans leur appart. On bouffait les cheese et les chicken et on se racontait des trucs quand ils avaient le temps de venir me parler. Je continuais à leur filer des coups de main. Ça a duré un petit moment tout ce trafic.

Et un jour que j'étais dans mon coin, peinard, en train de téma la télé, Ardisson je crois, y a Bruce qui vient me voir. Il me dit d'arrêter la télé et de bien l'écouter. Ça m'emmerdait parce que c'était une émission que je kiffais bien, le truc qui passe tard avec plein d'invités. Y avait Djamel Debbouze. Je le kiffe grave ce mec-là, il dit pas n'importe quoi sur nous et en plus il est marrant. Il sait ce qu'il raconte. Bref. Bruce s'installe sur la chaise à côté de mon lit. Et il me propose un gros coup. Pas un truc dangereux il dit. Moi j'écoute même si j'étais dégoûté de pas entendre Djamel jusqu'au bout. L'histoire c'est qu'y avait d'autres lascars qui avaient besoin de nous pour braquer une bijouterie à Paname. Nous on ferait pas grand-chose. Ils avaient besoin de moi parce que moi j'avais jamais eu de grosses embrouilles avec la police. J'étais plus clean que tous les autres en tout cas. Alors Bruce rigole avec moi, style on est des potes maintenant parce qu'on va se faire de la maille tous ensemble avec un minimum de risques. Moi je lui demande ce que je dois faire histoire d'en savoir un peu plus. Il me dit que j'aurai qu'à appuyer sur un bouton pour faire exploser la charge. Putain c'était sérieux ça. On parlait d'une bombe et c'était pas une meuf. Mais Bruce me calme un peu parce que je commence à m'enflammer. Il m'explique le biz et me promet que moi j'aurai rien d'autre à foutre que d'appuyer sur le putain de bouton, stop. Et puis de toute façon je serai pas direct à côté de la bijouterie mais plus loin, dans un camion qui se barrera vite fait quand le truc aura pété. « Y a aucun risque », il me dit Bruce. Et il jure sur la tête de sa mère et de sa sœur. Ensuite Steven arrive dans ma piaule. Il se pose sur mon lit pile à côté de moi. Je le préférais Steven, il était plus cool comme je l'ai dit un peu avant. Il me dit que le gros du butin de la bijouterie il servira pas à se la jouer brigade du kif dans les boîtes de Paname. Il servira à autre chose, à un truc plus sérieux. Je lui demande quoi mais il répond pas tout de suite. Et puis ils se barrent et ils me disent de réfléchir à ce que je pourrais faire avec tous mes gros billets. Ils me disent que je pourrais même avoir plein de meufs parce que les meufs, elles aiment les mecs qui ont de l'oseille. C'était la première fois que je les entendais parler de meufs. Ça sonnait bizarre dans leurs bouches. Ils avaient pas trop l'air d'y croire à cette histoire de meufs mais moi en tout cas j'y croyais grave.

Alors je me suis mis à cogiter comme ils me le demandaient. Ça tournait dans ma tête comme la grande roue et beaucoup plus vite même. J'ai vu défiler tout l'*Auto Journal* aux pages voitures de luxe, les bombes de la télé et la *Play-Boy mansion* comme j'ai vu une fois dans un documentaire. Je me disais que c'était tout ça que je voulais parce que j'avais rien eu et que j'avais bien droit à ça. Mais en y réfléchissant bien, non, c'est pas ça que je voulais. Moi je voulais la vie normale, celle que tous les autres ils ont. Je voulais arrêter de crier de pleurer et de me faire suivre par les cafards. Et puis niveau meufs y en avait qu'une seule que j'avais dans la tête. Nadia bien sûr. Mon paradis tout entier mon soleil et ma lune. Et ça Bruce et Steven ils en savaient que dalle. Je me disais que je pourrais l'emmener loin de ce tas de fumier, loin des racailles et des miradors. Je serais arrivé vers elle, en bas de sa tour, et je lui aurais déballé mon projet : on se barre d'ici, on va vivre à la mer tous les deux, avec les mouettes et le soleil, je lui aurais dit.

Ça me faisait grave réfléchir tout ça. C'est vrai que j'avais envie de me tirer, d'aller prendre un peu d'oxygène, de voir cette putain de mer que j'avais jamais vue. Qu'est-ce que j'aurais voulu aller voir la mer ! Rien que ça, ça me chauffait à fond. Et puis y avait un minimum de risques, moi j'avais juste un petit rôle dans l'affaire, je devais appuyer sur un bouton, je pouvais bien faire ça. Je me suis mis à cogiter sérieusement. À faire le point comme on dit. J'avais jamais fait le point sur ma life. C'est pas quelque chose qu'on fait souvent, le point. Je regardais en arrière et j'étais comme le soldat Ryan. C'était juste qu'y avait rien du tout, nada, que dalle, walou. Pas de meufs, pas de mère et la mer qui était trop loin pour que j'aille me tremper les couilles dedans. J'étais juste ce putain de fils de pute qui traîne la savate entre la came et le macadam pour gagner un peu de blé en zigzaguant sur les champs de bitume. Alors ouais, la bijouterie ça pouvait le faire. Et avec un peu chance j'aurais pu ramasser un diamant et le filer à Nadia. Tombé du camion comme on dit !

Bruce et Steven, ils m'avaient dit que les bijoux du casse serviraient à une « noble cause ». Mais c'était quoi cette cause ? je me demandais. Moi je connaissais que Cosa Nostra et je me disais que c'était celle-là. Et puis je me demandais si j'allais vraiment être payé parce que les mecs qui organisaient le coup je les connaissais pas je les avais même jamais vus. C'était peut-être une grosse arnaque où on allait tous se faire enculer bien profond. Alors un peu plus tard j'ai demandé à Steven de la jouer cash sur la thune. Je voulais savoir où ça allait finir, dans les poches de quelle cause, et si on serait payés. Il m'a tiré dans un coin, c'était au supermarché, et il m'a expliqué que la thune servirait à une organisation. Une organisation ? j'ai demandé. Oui il a répondu. Une grosse organisation qui servait à libérer les peuples opprimés. Et puis Steven, il a un peu pété un câble parce qu'il m'a parlé de trucs chelou sur les Rebeus, l'islam, les States et pleins d'autres keums dont j'avais jamais entendu parler même si je regardais souvent la télé. Steven il voyait bien que je captais rien à tout ça. Alors il a stoppé net et il m'a dit de pas lui casser les couilles avec ces trucs-là, que lui il en savait pas beaucoup plus sur la cause, mais que l'essentiel c'était qu'on serait payés rubis sur l'ongle après le coup.

Je raconte pas tout ça à la psy avec la robe bleue bien sûr. Elle, y a que ses seins et un autre truc qui m'intéressent, ma parole.

11

Sur le bureau du juge la première fois que je l'ai rencontré y avait la statue d'une meuf avec un bonnet rouge, un peu style bonnet péruvien. J'ai demandé qui c'était et le juge il m'a répondu que c'était Marianne. « L'icône de la République » il m'a dit. Moi je la connais pas Marianne j'ai répondu. Et il m'a dit que j'allais apprendre à la connaître parce qu'elle, elle me filait bien le train. J'ai pas vu le rapport avec le RER.

Le juge il devait bien aimer les films de boules parce que direct j'ai grillé que ce qui lui plaisait dans Marianne c'étaient ses petits seins en fer avec des tétons pointus comme des canifs. Alors je me suis dit que ça devait être un juge cool et qu'on allait bien se comprendre tous les deux. Mais à la fin de l'histoire, je me suis aperçu qu'il en avait rien à secouer de mes histoires de cul. Quand même, je suis sûr qu'il kiffe au moins les meufs à poil à la télé lui aussi. Il doit pas avoir trop le choix vu sa tête de sadique toute ronde et toute lisse avec deux petits yeux noirs enfoncés dedans comme des punaises. Ses yeux au juge c'étaient des cadavres.

Ma parole quand je l'ai vu en face de moi je me suis demandé ce que je foutais là et ce que j'aurais pu devenir si j'étais né dans un autre trou avec de vrais parents et une vraie maison. Je sais bien qu'on choisit pas sa naissance. Mais le juge là sérieux, c'est abusé quand même. Je sentais bien qu'ils allaient pas mettre George Clooney pour me juger mais celui-là putain, il aurait fait flipper Keyser Soze.

Le juge, il a mis le feu à mes poudres avec son discours périmé sur l'ordre et la justice. Sur moi qui étais le désordre et lui la justice. En gros quoi. Il avait des petites lunettes qui lui tombaient sur le nez et ça lui donnait un air vicelard en plus de tout le reste. Manquait plus que l'imper et les couilles à l'air. Un moment quand il m'interrogeait sur je sais plus quoi, j'ai levé la tête vers ses moitiés de lunettes et je lui ai déballé ce que j'avais sur le cœur, pour qu'il arrête de me saouler avec sa morale à un euro. Je lui ai dit que si mes racines avaient pas été dans le béton, j'aurais été un beau gosse qui fait des gosses avec la meuf qu'il kiffe. J'aurais été un grand sexologue ou un roi de l'Internet, style Bill Gates mais en plus beau gosse quand même.

Et là le juge il a pas capté ce que je lui ai dit. J'ai bien vu qu'il me prenait pour un extraterrestre parce que ses yeux et les lunes en fer qui les bloquaient derrière, ils ont fait une grimace méchante. Et puis l'entretien s'est terminé. Le juge il s'en foutait de mon avis sur le monde qui tourne dans le mauvais sens. C'est peut-être à cause de ses lunettes, ça lui met le cerveau dans l'espace et il voit rien de ce qui se passe sur la terre.

Quand je suis sorti de son bureau j'ai croisé un grand Renoi qui venait dans l'autre sens. Il allait chez le juge lui aussi mais il avait pas l'air très au top. Y avait des coulées de sang sur sa figure. J'ai pas eu le temps de lire *Le Rouge et le Noir* à l'école mais le titre m'a toujours fait kiffer.

Moi je sais pourquoi les gens ils sont racistes avec les Renois. C'est facile à deviner en fait. C'est ni le bruit ni l'odeur, c'est juste la couleur faut pas chercher midi à quatorze heure. C'est le noir qui les fait chier : c'est leur propre merde qu'ils lisent sur leurs visages.

Si j'étais pas né là, je serais avec Nadia et ma mère allongées sur le sable à regarder le ciel et ses étoiles que je peux plus voir à cause des barreaux. J'aurais un taf comme tout le monde et je serais pas un enculé qui bute des gens avec une bombe artisanale. Je serais pas un cousin de Ben Laden. Juste si les gens ils m'avaient aimé un peu plus, j'aurais pas suivi la came quand elle me prenait par l'épaule. J'aurais pas perdu ma mère parce qu'elle m'aurait aimé. Je me serais pas maqué avec les gangsters de la camionnette blanche et j'aurais pas éclaté le monde avec une bombe.

La République comme il disait le juge, moi je sais pas trop qui c'est à part la station de métro et la place où y a la Gay Pride. Marianne ses seins et son cul je les ai jamais vus rouler dans la cité. À croire qu'ils ont peur de se montrer. Y a que sur le bureau de Mme Justice que je les ai dévisagés. Avec la poussière qui les recouvrait. Et d'ailleurs avec son foulard sur la tête pourquoi elle serait pas un peu musulmane Marianne ?

Depuis notre rencontre chez Keyser-Soze-le-juge on a jamais réussi à se capter l'« icône de la République » et moi. Peut-être parce qu'on est pas de la même génération. Ou peut-être aussi parce qu'on a pas grandi ensemble. Sérieux, je l'ai connue trop tard cette meuf. Et encore je l'ai pas vue en entier. Si ça se trouve, c'est une vraie bombe atomique. Et si on me l'avait présentée plus tôt peut-être que j'aurais pas eu envie d'en exploser une autre de bombe.

Personne sait pourquoi les cailleras kiffent les Ray-Ban. Moi je vais vous dire : c'est parce qu'ils ont besoin de se protéger les yeux à cause de la lumière qu'ils ont pas eue. Pareil pour moi. Je suis en manque de lumière putain. Sans elle je suis juste bon à crever. Nadia, j'aurais juste voulu voir sa bouche dans la lumière. Et ses yeux ailleurs que dans le gris des tours. Ses yeux dans la lumière, ils doivent briller comme des étoiles. J'aurais juste voulu voir ça mais j'y ai pas eu droit.

La psy, la toute première fois que je l'ai vue, elle m'a demandé pourquoi j'étais là, ce que je pensais de ma situation. J'en pensais que dalle à l'époque. C'est vrai, j'avais juste tué des gens qui le méritaient pas, sans le faire exprès parce qu'on m'avait dit de le faire. Mais maintenant j'ai compris. Je suis là parce que je suis né un jour où y avait pas de lumière. Un jour de mauvais temps. Un jour où le soleil a pas voulu se lever. Et mon père c'est rien que l'éclipse qui m'a fourgué la life.

12

Les mecs de la camionnette blanche ils voulaient avoir ma réponse vite fait pour la bijouterie. Ils voulaient savoir s'ils pouvaient compter sur moi. J'avais pas envie de passer pour un crevard. Et puis y avait la thune au bout, et Nadia, de l'autre côté des billets que je zyeutais dans ma tête. Alors j'ai dit oui. Je leur ai dit que j'étais prêt à appuyer sur le bouton. Bruce et Steven ils avaient l'air content quand je leur ai annoncé ça. Ils ont tout mis en route et m'ont dit que je devais me tenir prêt, que ça pouvait se passer n'importe quand, le jour ou la nuit, le lendemain ou dans dix semaines. Et pendant ce temps il fallait continuer à faire comme d'hab, parler à personne surtout, continuer à bouffer les cheese et à téma la télé. *No problem.*

Mais putain, plus j'y pensais plus je me disais que je devais faire quelque chose avec Nadia. Je pouvais pas la laisser dans l'ombre pendant que moi, avec le plan, j'irais direct rejoindre la lumière. En vaisseau spatial. Il fallait que je lui parle pour savoir si elle voudrait venir avec moi, après. Au bord de la mer, sur le sable avec les mouettes et pas les pigeons au-dessus de nos têtes.

Les autres keums, ceux de l'« organisation », je les avais pas encore vus. Je les verrai, ils m'ont dit Bruce et Steven. Mais faudrait pas que je la ramène trop parce qu'ils kiffaient pas du tout les keums comme moi, style les jeunes pas de leur milieu. Ils me racontaient qu'eux c'étaient des purs mecs de l'ombre. Ils parlaient encore moins de meufs et même s'ils étaient vieux je suis sûr qu'ils avaient jamais baisé eux non plus. Je crois qu'ils avaient juste besoin de nous comme ça, pour dépanner. Même Bruce et Steven d'ailleurs.

Et puis y avait ma mère. C'est vrai que cette lascarde m'avait envoyé chier grave la dernière fois que je l'avais appelée. Mais là fallait encore que je tchatche vite fait avec elle, histoire de dire quoi. J'allais rejoindre la lumière putain. C'était pas rien. C'est peut-être comme ça qu'on reconnaît les bons des méchants. Et peut-être que Dieu, s'il existe, il fait son choix en repérant qui c'est qu'est attiré par la lumière et qui c'est qu'est attiré par l'obscurité. Et puis après il décide qui il emmène au paradis et qui dégage en enfer. J'espère que ça se passe vraiment comme ça. Ma mère je sais pas si elle préfère l'ombre à la lumière. Ses yeux le disent pas. Moi je crois que mes yeux ils ont toujours dit que je voulais un peu plus de lumière.

Alors j'ai été chez ma mère. C'est Steven qui m'a emmené avec sa caisse perso. Pas la camionnette blanche. C'était un après-midi et il pleuvait grave. Les essuie-glaces arrivaient pas à recracher toute l'eau qui plombait le pare-brise. Quand on est arrivé on faisait pas la différence entre le ciel et les immeubles. Tout était gris. Y avait pas un chat dehors. Steven il m'a dit que les keums qui avaient inventé les barres et les tours faudrait les pendre direct. Ses parents à lui ils créchaient aussi dans une tour, mais pas dans le même coin, du côté de Mantes. Il avait grandi là-dedans et il s'était barré vite fait, c'est le cas de le dire. On s'est garé devant ma tour et il m'a dit qu'il m'attendait. Je suis monté. Bien sûr l'ascenseur il marchait pas. Et ça fait haut sans ascenseur le douzième étage. Ces pillards des HLM ils pensent qu'à un truc : ceux qui habitent dans les tours, faut qu'ils raquent le loyer, point barre. C'est des pilleurs de tombes. Après, les travaux et l'entretien, c'est les chiens qui doivent s'en occuper, mais comme jusqu'à preuve du contraire on a jamais trouvé de chiens qui acceptent de faire le sale boulot, ben y a personne qui le fait. Et de temps en temps y a des gosses qui tombent dans le vide en ouvrant la porte du putain d'ascenseur, juste parce que l'ascenseur il est pas là, il est bloqué, peinard au rez-de-chaussée, pendant que les portes des étages elles s'ouvrent tranquillement dans le vent. Et le gosse il tombe à pic dans la tombe pendant que ses parents, s'il en a encore, ils crient comme des malades et arrivent pas à croire que des trucs comme ça arrivent dans un pays comme la France. On dit que la France c'est une puissance dans le monde mais j'y crois pas. C'est du mito, c'est du vernis pour épater la galerie. La puissance en tout cas on la ramasse pas dans les cages d'escalier pourries des tours des pauvres. Bref. Donc je suis monté à pied et j'ai sonné chez ma mère. Y avait de la musique ou la télé parce que derrière la porte j'entendais des paroles comme celles qui sortent des appareils. Elle m'a ouvert et je suis entré. J'avais une chance de ouf, elle était toute seule. C'était à cause du temps je crois. Personne veut baiser quand il tombe des rafales. Moi je voudrais bien baiser. Même sous la pluie. Elle avait une drôle de tête ma mère. Des grosses poches sous les yeux. Elle était pas coiffée, comme si elle venait d'émerger. Je me suis demandé si elle était pas devenue tox, elle aussi. Manquait plus que ça dans sa vie après tout. Elle m'a dit de m'asseoir et qu'elle voulait me parler, donc que ça tombait bien que je sois passé la voir. J'ai pensé qu'elle, elle aurait pas remué son gros cul d'un mètre de large pour venir me voir, même si elle avait su où j'étais. Mais bon...

Elle était là en face de moi sur le canapé beige. À la télé y avait un jeu. Le keum qui présentait, il avait une sale voix de poufiasse et il faisait des blagues pas drôles sur les candidats. Mais le public il avait l'air de kiffer parce qu'on entendait des rires de ouf. Je me demande comment des gens peuvent rire à des blagues aussi débiles. Et le présentateur il était fier de lui. Avec ma mère, on avait pas trop envie de rire. Et même si y avait eu Djamel à la télé, sérieux, j'avais pas envie de rire ce jour-là. Dehors la pluie tombait à fond et je pensais à Steven dans sa caisse. Et les gouttes elles tapaient contre les vitres comme les pierres des gosses de Palestine sur les tanks d'Israël. J'espérais qu'il se casse pas Steven, qu'il m'attende. Je regardais par la fenêtre et comme y avait un peu de buée sur les carreaux, l'immeuble d'en face, celui de Nadia, il était tout flou comme dans un film de science-fiction.

Nous aussi on ressemblait à des acteurs de la cinquième dimension ! Ma mère elle parlait pas. Elle fumait sa clope en regardant vers le bas, ses pieds ou je sais pas quoi. Et moi je parlais pas non plus. Je regardais partout, dehors, elle et son visage, son paquet de clopes, le minable couloir, au fond à gauche où y avait sa chambre et la mienne, là où elle m'enfermait quand j'habitais chez elle. Pendant cinq secondes, j'ai pensé que j'aurais bien aimé devenir son paquet de clopes juste pour sentir la main de ma mère sur moi. C'est vrai je l'ai jamais sentie sa main. Sauf quand elle m'en foutait une. Mais c'était pas cet effet-là que je voulais connaître.

Il fallait que je lui dise que j'allais bientôt trouver la lumière au bout du tunnel. J'étais venu pour ça mais y avait rien qui sortait. Je voulais lui dire d'arrêter de cloper aussi et que moi j'avais arrêté de me camer. Mais ça servait à rien. Elle non plus elle me mettait pas à l'aise à rien dire comme ça, plantée devant moi comme une barre d'HLM. Tout d'un coup elle s'est levée, elle a pécho une chaise et elle est venue s'asseoir à côté de moi. C'était chelou comme sensation. Ma mère. Je pensais plus qu'à ça. Je regardais son visage et je me disais : putain c'est celui de ta mère. Ça a l'air con comme ça. Mais sur le moment, sérieux, c'est comme si je me prenais une matraque dans la tête. Alors elle a lâché la sauce. Elle m'a dit qu'elle venait d'être enceinte. Et puis qu'elle avait dû avorter parce que le mec il était marié et que c'était pas possible d'avoir un autre marmot. Qu'il voulait pas. Elle non plus elle voulait pas. Mais pourtant elle chialait. Ses larmes coulaient sur ses joues comme des rivières et puis elles tombaient par terre comme les galets dans la mer. Et moi je la voyais chialer à côté de moi. J'étais en panique. Je savais pas qu'elle pouvait encore avoir des gosses à son âge. Elle avait un truc comme quarante ans. Ben si, elle pouvait. Elle m'a dit qu'elle voulait avorter, parce qu'elle savait pas quoi faire. Mais le mec il lui mettait la pression pour qu'elle fasse ça vite. Elle était seule ma mère.

Moi je disais rien. Je l'écoutais. À la fin je lui ai juste demandé si elle avait besoin d'oseille parce que j'en avais un peu et que Steven il avait prévu le coup, il m'en avait filé encore plus avant de me lâcher en bas de mon immeuble. C'était un mec cool Steven. Elle a pas répondu quand je lui ai demandé ça. Alors j'ai sorti les biftons de ma poche et je les lui ai mis dans la main. Et là je sais pas pourquoi, elle a pleuré encore plus. C'était le déluge. Elle reniflait et je voyais ses narines qui grossissaient. Elle me regardait et ses yeux étaient aussi rouges que si elle avait fumé une barrette de shit, avec les larmes qui tombaient de chaque côté. C'étaient plus des rivières. C'était comme la mer, mais pas bleue. Et cette mer-là elle était transparente, elle avait pas de vagues. En tout cas j'arrivais pas à les voir. Il aurait fallu que je me rapproche un peu plus de son visage. Et j'ai pensé que ses joues ça pouvait aussi bien être du sable, ça avait presque la même couleur. Il était là mon bord de mer. Quelque part entre elle et moi.

Alors je l'ai prise et je l'ai serrée dans mes bras.

C'était la première fois de ma vie que je serrais une femme dans mes bras. Et cette femme, c'était ma mère. Je l'ai plus jamais fait après ça. Je savais pas trop comment fallait faire pour prendre quelqu'un dans ses bras, mais c'est venu naturellement. Et là, elle s'est mise à pleurer encore plus. Comme j'étais plus grand, sa tête cognait contre mon épaule et elle se blottissait dans mon cou en reniflant toutes les deux secondes. Sur mon pullover Lacoste j'ai ramassé plus tard les morceaux de ses larmes. Et j'essaie toujours de les recoller. Mais je me suis souvenu que Steven m'attendait en bas. Fallait que je file cette fois. J'ai un peu repoussé son corps et je l'ai embrassée mais au moment d'ouvrir la porte, elle m'a attrapé par la manche et m'a regardé avec ses petits yeux rouges shités et mouillés. Je l'ai regardée aussi. Et elle m'a dit « Je t'aime ». Moi j'ai rien pu répondre et je me suis vite barré rejoindre Steven. Je cavalais tellement vite dans les escaliers que j'ai failli me manger un étage. En m'asseyant dans la caisse de Steven j'ai rien dit du tout. Lui, il a démarré et j'ai senti que mes yeux ils me piquaient. Alors j'ai mis mon doigt dedans et pour la première fois de ma vie j'ai touché la mer.

J'aurais pu avoir un frère ou une sœur, une mère aussi, du coup. Mais y a rien qui s'est passé comme prévu. Je suis pas né du bon côté de la barrière. Pour ceux qui crèchent du bon côté, c'est tout bénèf. Quoi qu'ils fassent, ils sont déjà sauvés et ils ont leur place au chaud au paradis où le bon Dieu les attend avec un grand sourire sur la figure. Comme aux jeux à la télé. Le bon Dieu c'est le présentateur et derrière y a le public qui rigole et qui applaudit en se palpant les couilles. Et même ceux qui répondent mal aux questions dans le jeu, ils ont droit aux applaudissements et aux encouragements du bon Dieu. De mon côté y a pas de présentateur, juste des journalistes qui viennent filmer la merde qui dévale à deux cents à l'heure les façades des grandes tours grises avec des tas de fenêtres et les paraboles accrochées dessus comme des tournesols en ferraille. Ça ressemble aux larmes de ma mère. Un liquide qui sort d'un corps défoncé et qui s'explose par terre. Vite une serpillière ! Et même la mer elle disparaît.

De ce côté-là du monde dès que vous répondez mal à la question du bon Dieu y a un démon qui vient vous planter un poignard dans le ventre. Et vous restez là à crever, immobile devant le vide du monde. C'est réputé dans l'histoire du monde ces trucs-là. Le public il reste toujours bloqué là, à rien branler, les yeux dans le sang de ceux qu'on lynche en face d'eux. Nous on est comme les gladiateurs dans le film, pas le héros mais tous les autres, ses potes, ceux qui l'accompagnent et qui clamsent avant la fin. Et leurs yeux à eux, ceux des autres qui nous matent, ils sont bloqués dans notre sang qui coule sur le béton. Et comme on a pas d'autre choix que d'être des gladiateurs, notre sang on le foutra un jour dans le biberon des gosses qui grandiront ici. Histoire qu'au moins toute la société elle en ait pour sa thune.

On s'est vite barrés d'ici avec Steven. C'est la dernière fois que j'ai vu ma mère en tête-à-tête.

13

Le plan se précisait. Les mecs de l'« organisation » étaient venus nous voir. Putain c'est vrai qu'ils avaient l'air cruel. Moi j'ai pas ouvert ma gueule. Comme d'habitude. C'était la règle. Ils m'ont posé deux trois questions sur qui je connaissais et ce que j'avais fait mais Bruce a dit qu'y avait rien à craindre parce qu'ils avaient fait gaffe à mes fréquentations. Ils ont pas parlé de ma mère. Ils en avaient rien à branler de ma mère de toute façon. Ils étaient trois. Y en avait un qui avait une grande cicatrice sur la gueule, juste en dessous de l'œil. Il avait une énorme montre en or qui brillait dans toute la piaule, comme un halogène. Il buvait du Coca comme un soiffard. Il a vidé toute une bouteille en trente secondes. Et comme y en avait plus, il était tellement vénère que j'ai cru qu'il allait avaler tout cru le plastoc de la bouteille. Le deuxième keum, il avait la boule à zéro et ça lui allait pas du tout. Il voulait se créer un style. Quoique c'était pas le genre à se créer un style. Il avait une tête épaisse avec des putains de sourcils noirs au-dessus des yeux. Et ses yeux, ils ressemblaient à des boulettes de shit, la même couleur, comme la merde d'ailleurs. Le troisième c'était celui qui avait l'air le plus sympa. Il était plus petit que les autres et il portait un blouson en cuir vintage avec les Nike de Starsky. Il avait aussi une moustache et ça le rendait marrant.

Quand ils se sont pointés, je savais pas que c'étaient eux les mecs qui me fileraient la lumière. Bruce et Steven m'avaient pas prévenu. Mais comme ils m'ont appelé j'ai su que c'était l'« organisation ». Ils ont pas donné beaucoup de détails, juste des petits trucs sur la bijouterie, son emplacement dans la rue et tout. Moi, ils m'ont dit que je devais me tenir prêt. Ils me fileraient un portable sécurisé. Ils m'ont expliqué ce que je devrais faire avec le bouton quand le téléphone sonnerait. J'étais prêt, je leur ai dit. Le reste du plan je le connaissais pas. Steven a posé des questions pour l'argent mais les mecs ont pas eu l'air de kiffer ses questions. Ils ont fait une sale tête et répondu que tout serait O.K. et qu'y aurait pas d'embrouilles. Ils étaient pas des mecs à embrouilles ils disaient. Ça j'en étais pas trop sûr.

Le mec avec la cicatrice il fumait des roulées

comme un malade. Lui, il a pas ouvert la bouche sauf pour cracher sa fumée. Et comme j'étais à côté de lui, c'est sur ma gueule qu'elle venait sa putain de fumée. Ça me donnait envie de fumer du shit. L'« organisation », ils en ont pas trop parlé. J'ai juste retenu quelques trucs. L'opération devait servir à financer des opérations style humanitaires, pas en France mais à l'étranger. Ça devait servir à sauver des gosses paumés avec le Sida et la guerre, des trucs comme ça. En tout cas ils avaient l'air de voyager comme des oufs. Ils parlaient d'un coin à l'étranger où la thune serait planquée en attendant que ça se calme. Ça, c'est Steven qui me l'a dit après. Eux, ils ont rien lâché sur ce qu'ils feraient des bijoux et où ils iraient avec. Ça me regardait pas de toute façon.

Du coup j'étais grave motivé pour appuyer sur le bouton. En fait, j'en avais rien à branler du bouton et de ce qu'ils feraient au total avec la thune. Moi je voyais juste la mer et Nadia derrière, pareil que dans les pubs. Justement, je voulais retourner dans ma cité pour voir Nadia, lui expliquer le plan et la lumière. Mais je devais pas en parler avec les autres. Alors j'ai monté une combine. Comme ils avaient un peu plus confiance en moi maintenant, j'ai décidé de me tirer une journée. Je leur avais dit que je devais aller à Paname pour m'acheter des fringues, des baskets et tout. Pour être beau gosse en déclenchant la bombe, quand les keums nous appelleraient. Et au lieu d'aller à Paname, j'ai pris le RER dans l'autre sens.

J'ai attendu longtemps en bas de la tour de Nadia. Je me suis posé sous le porche et comme il faisait beau je me suis dit que c'était un signe, que j'allais la voir. L'interphone était pété. Je me demandais pourquoi je kiffais une meuf qui me connaissait pas. Moi je la connaissais. Je l'avais juste vue nue un jour de mon balcon. J'en ai parlé. J'ai pas bronché pendant des heures. Je matais les passants et y en avait pas beaucoup. Comme la tour de Nadia était en face de la mienne j'avais vissé une casquette NYC sur ma tête pour pas qu'on me reconnaisse. Un moment, vu que je me les gelais dehors, je me suis dit que je pouvais aussi bien attendre chez ma mère. J'avais encore les clés. Mais c'était pas une bonne idée. Ceux qui vont attendre chez leurs mères, c'est ceux qui ont vraiment une mère, et pas juste un morceau avec des larmes par-dessus. Alors je suis pas retourné chez ma mère. J'ai attendu là, sous le porche, à regarder le béton et les pigeons dans le ciel. Putain les pigeons y a vraiment qu'une seule chose qu'ils savent faire, c'est chier partout, ils chient sur tout ce qui bouge, même sur les ombres. C'est des vrais tireurs d'élite. Heureusement, ils se sont retenus avec moi ces bâtards. Nadia elle aurait pas kiffé de me voir débarquer avec une merde de pigeon sur la gueule.

Je repassais mon film dans ma tête. Le coup, le cash et la lumière. Et au bout, la mer. À Nadia, j'allais lui promettre le paradis. Mais le paradis avec moi. C'est ça qui me faisait flipper. Sérieux j'avais fait des efforts. J'avais mis du parfum Lacoste celui qui sent bon dans la bouteille un peu verte. Elle est agréable cette odeur, tout le contraire de sous le porche. Y avait les bennes à ordures pas loin. En plus du parfum j'avais mis un polo sous un pull. Pas Lacoste le polo : Ralph Lauren. C'est plus la classe. Mais je me disais que c'était con comme idée parce qu'on voyait pas le cavalier sous le pull. Sauf si je me désapais. Peut-être que Nadia, c'était ce qu'elle voulait après tout ? Mais non c'était pas son genre. J'aurais bien voulu lui toucher les seins pourtant. Je les avais un peu vus de loin et ils étaient chanmés ses seins. Je flippais grave. Je me demandais s'il fallait pas mitoner un peu. Lui dire que la thune, je l'avais déjà et que bientôt, tous les deux, on allait voir la mer. Une mer d'euros. Mais la mer, peut-être que ça la faisait pas rêver et qu'elle préférait la montagne ou un truc comme ça. Merde elle était rebeu Nadia : la mer elle devait bien kiffer. Y a la mer partout chez eux. Je retournais le problème dans ma tête comme un taré. Je parlais tout seul aussi. Mais comme j'avais ma casquette sur les yeux, les autres, ils me voyaient pas. On aurait été bien sur la plage tous les deux, je pensais, comme dans le film avec Leonardo DiCaprio et la meuf, la Française, celle qui fait du topless. Putain elle est trop bonne celle-là. Mais avec ma Nadia, j'aurais été pareil au top sur la plage moi aussi. Même si je ressemble pas trop à Leonardo DiCaprio. Sauf à la fin de *Titanic* quand il crève comme tous les autres pauvres.

Et là elle s'est pointée. Je l'ai pas vue tout de suite, à cause de la casquette, et aussi de mes pensées qui voulaient plus me lâcher le cerveau, mais j'ai entendu quelqu'un qui cherchait ses clés, sous le porche. J'ai levé ma tête et je l'ai vue. Elle était trop belle. Je me suis mis debout et pendant qu'elle ouvrait la porte de l'immeuble avec les clés qu'elle venait de retrouver, je l'ai attrapée par le bras, pas méchamment. Mais elle a flippé. J'aurais pas dû faire ça, putain. Elle s'est retournée et elle m'a demandé qui j'étais. Je lui ai dit que je m'appelais S. et que j'habitais l'immeuble d'en face, au douzième étage. Je lui ai dit que je la connaissais parce que quand j'habitais là, je la voyais passer, en bas, quand je regardais du balcon. Elle m'a répondu que ma tête lui disait quelque chose et qu'on avait dû aller à l'école ensemble, y a longtemps. Ouais, y a longtemps, j'ai dit avec un grand sourire. Et là elle m'a demandé ce que je voulais. J'ai pas trop su quoi répondre. Au bout d'une minute où j'ai pas ouvert ma bouche, j'ai dit que je voulais juste lui parler et que ça faisait un moment que je la kiffais. Mais qu'avant je savais pas quoi lui dire. Et puis j'avais un peu honte. À cause de ma mère. Mais ça, je lui en ai pas parlé. Elle m'a dit que j'aurais dû venir la voir et qu'elle était contente de savoir que je la kiffais. Je lui ai demandé si elle voulait aller boire un truc. Elle m'a répondu oui. Et moi j'étais le plus heureux des lascars.

On est allés à la brasserie de la gare, le Surcouf ça s'appelle. C'est des Turcs qui l'ont rachetée. Ils rigolent pas niveau biz les Turcs, c'est des vrais pros de l'entraide. Sur le chemin on s'est rien dit. De temps en temps je la regardais avec un œil, en marchant. Et elle souriait un peu. Elle était trop belle. Je flippais ma race. J'essayais de faire des phrases bien dans ma tête pour lui parler de la mer et de nous sur la plage. Je me disais que j'étais pas mal parti. J'ai enlevé ma casquette quand on est sortis de la cité. J'en avais rien à branler après tout. J'étais juste avec une bête de meuf à côté de moi et les autres, ils avaient qu'à la regarder. Point. J'étais fier.

Au Surcouf moi j'ai pris un chocolat au lait et elle pareil. Elle a commandé après moi. Peut-être pour voir ce que j'allais prendre. Mais comme elle était rebeu, j'ai pas pris d'alcool.

Sinon j'aurais pris un demi. Mais je l'ai vue venir à cent kilomètres et je savais bien qu'elle aurait pas du tout kiffé l'histoire du demi. Kader il m'avait dit que ses cousines, elles kiffaient pas les alcoolos. Je la regardais toujours Nadia. Je la bouffais des yeux et un moment, j'ai cru que mes yeux ils allaient sortir de ma tête pour se jeter sur son visage. J'arrive pas à la décrire bien. Mais faut imaginer une meuf de ouf belle comme un truc beau, je sais pas moi, le genre qu'on voit à la télé ou dans les films. Une meuf avec des yeux de ouf qui ressemblaient à des olives. Style Jennifer Lopez en Rebeu. Non, c'était à des amandes qu'ils ressemblaient ses yeux. Et la peau lisse. Lisse comme la peau d'une cerise. Là j'étais en face d'elle et ça se voyait qu'elle avait la peau toute lisse comme du tissu, la soie, ce genre de trucs. Et son corps, il était beau comme s'il avait été dessiné par un peintre. Y avait pas une couille, pas une rature, rien qui clochait. Et ça me faisait encore plus flipper de la regarder.

J'ai bu mon chocolat en speed comme si j'avais rien bu depuis perpète. On aurait dit que je sortais de taule. Ça je le dis maintenant parce que je kifferais bien un chocolat au lait comme au Surcouf. Quand j'ai foutu le sucre dedans ça a giclé partout dans la petite assiette. J'en avais plein les doigts et ça coulait sur la table. Je me suis dit que c'était pas possible d'être aussi con et j'essayais d'essuyer ni vu ni connu mais Nadia elle m'a grillé. Elle m'a tendu un mouchoir qu'elle a pécho dans son sac et elle a rigolé. En fait je l'avais fait rire. Et Kader avant de crever il disait que quand tu fais rire une meuf c'est comme si tu la niquais. Moi je l'avais pas niquée mais je sentais bien que j'avais une énorme ouverture, sans sale jeu de mots. Alors je me suis dit que c'était le moment de lui parler du paradis.

Je l'ai regardée droit dans les yeux. Elle aussi elle me regardait à fond. Et j'ai jamais rien vu de plus beau et de plus cool dans les yeux de quelqu'un. Ses yeux, ils étaient comme la mer où je voulais l'amener. Avec du sable autour. Comme s'ils me disaient : « Vas-y Silou, tu foutais quoi ? On t'attend depuis des plombes ! Magne-toi le cul, faut que tu nous serres ! » Alors je me suis magné le cul et j'ai lâché l'histoire. Les rêves, la mer, le sable, le paradis, la thune et le coup. J'ai tout balancé dans ses yeux. Et mes mots ils se sont noyés dedans. J'avais oublié que les mots c'est comme les meufs d'*Alerte à Malibu* : même si elles sont hyper bonnes, elles ont toujours des gilets de sauvetage quand elles vont dans la mer. Et mes mots à moi j'avais oublié de leur filer des gilets. Alors ils ont coulé à pic. Nadia elle a rien compris à ce que je lui racontais. Elle m'a dit qu'elle voyait pas où je voulais en venir et qu'elle voulait juste prendre un verre avec moi pour me faire plaisir. Mais j'ai dit que le plaisir, il était pas dans le chocolat au lait bidon servi par un Turc du Surcouf. Le plaisir, il était ailleurs, sur la plage où je voulais l'emmener. Mais le paradis que je lui proposais, elle en avait rien à foutre. Elle m'a pas dit ça comme ça. Elle a juste pris un petit billet dans son faux Gucci pour payer le chocolat. Je lui ai dit : « Attends Nadia, t'en penses quoi de ce que je te propose ? » Mais elle a répondu que j'étais un ouf. Elle m'a dit : « T'es un ouf toi. » Elle a pris son sac, elle a remis son manteau et elle s'est barrée.

Et moi je suis resté comme un con au-dessus de la tasse. Et y avait plus rien dedans.

14

Quand je suis rentré chez Bruce et Steven ils m'ont saoulé à mort. Ils savaient que j'avais pas été à Paname et que j'étais retourné à la cité. J'ai essayé de mitoner un truc mais ça a pas fonctionné du tout. Y a un keum, un de leurs potos, qui m'avait vu là-bas et il était venu les prévenir. Bruce, j'ai cru qu'il allait me tuer. Je voyais la patate venir me percuter le nez. Alors direct j'ai essayé de les calmer. J'ai raconté que j'avais été voir ma mère encore une fois parce qu'on s'était pas tout dit la dernière fois. Y avait la rage qui coulait sur leurs fronts à Bruce et à Steven. Ils me faisaient confiance et moi je les avais encore un peu trahis. Mais bon, ça c'est arrangé grâce à ma mère. Eux, ils la jouaient parano. Ils avaient surtout peur que je retourne me cramer et puis qu'après, complètement défoncé, j'aille taper la discut de l'affaire avec des bad boys concurrents.

Mais tout ça c'était pas important. Nadia avait disparu. Je l'avais perdue parce que j'étais un amateur. Personne m'avait filé le mode d'emploi pour serrer des meufs. Et à part la théorie, j'avais pas non plus la pratique vu que c'était la première fois de ma life que je parlais à une meuf, à part ma mère. Je l'avais trop fait flipper avec mes histoires de débile, la mer, la lumière et le paradis. Elle avait rien compris. Et je pouvais pas parler de ça à Bruce ou à Steven parce que les meufs c'étaient pas leur principal objectif.

Aujourd'hui je l'ai dit à la psy. Je lui ai juste raconté mon plan avec Nadia. Mais cette pute de psy, elle a pas pu s'empêcher de se marrer. Je la comprends ceci dit, c'est vrai que j'ai rien à voir avec Leonardo DiCaprio sur la plage. J'ai été un vrai hmar comme ils disent les Rebeus. Ça veut dire un âne je crois. Et puis elle m'a encore cassé les burnes avec des putains de questions de sa race. Ma parole elle avait un fusil à pompe blindé de questions et elle me dégommait la tête avec. Toujours pareil. Elle voulait savoir des détails sur Bruce et sur Steven, sur le plan, sur l'« organisation », tout ça quoi. Là encore j'ai rien dit. La psy, je crois que c'est surtout un keuf déguisé avec des jolis seins dressés comme des pétards. Et les seins ils ont l'air tellement vrais que c'est peut-être un travelo.

Maintenant j'y pense toujours à Nadia. C'est

pas sa faute, c'est la mienne. Et puis voilà elle a eu de la chance parce que si elle avait voulu de mon paradis, elle aurait été dans la même merde que moi et elle serait venue m'apporter des gâteaux au miel rebeus en taule. Ça c'est pas top pour une meuf, surtout si on veut avoir des gosses avec elle. Pas les gâteaux au miel mais un mari en taule. Je suis content quand même parce que Nadia elle a accepté de venir boire un chocolat avec moi. Elle aurait pu refuser. Ça veut dire qu'elle m'a kiffé un peu, au moins cinq minutes. Et ça veut dire aussi que je suis pas aussi miteux que j'en ai l'air.

Si j'avais su, j'aurais été la voir plus tôt, longtemps avant que je me fasse embarquer dans ce biz chelou à cause duquel je suis là aujourd'hui. Putain de vie. Même les choix on apprend à faire que les mauvais.

Je voudrais bien savoir ce qu'elle est devenue Nadia maintenant. Si ça se trouve elle a un mari et des gosses et elle leur fait des tas de gâteaux au miel rien que pour eux. Si ça se trouve, elle est heureuse. Et puis peut-être qu'elle est repartie dans son pays au bord de la mer. Je crois pas moi. J'ai envie de croire qu'elle est encore comme quand je l'ai vue, juste avec ses yeux profonds comme l'océan, à attendre qu'un keum qui a des mots avec des gilets de sauvetage vienne lui proposer un plan plus sérieux pour la sortir de sa tour. La délivrer on pourrait dire. Et alors là, elle accepterait. Comme dans les châteaux forts un max de siècles avant maintenant, quand des chevaliers grave au top défonçaient tout sur leur passage pour venir sauver leur princesse, celle qu'ils kiffaient comme des malades et sans qui ils pouvaient plus faire la guerre parce qu'ils étaient en vrac de kif, et à bloc niveau cul aussi. Moi je pourrai peut-être recommencer comme ils disent les Guindous[1] un jour, plus tard, dans une autre vie. J'irais la pécho dans sa tour et après un petit passage au Surcouf histoire de se gaver de chocolat, on irait ailleurs, putain, tellement loin d'ici.

Maintenant faut que je raconte comment ça s'est terminé cette histoire de bijouterie. Les trois mecs qui étaient venus nous voir dans l'appart, ils sont revenus nous chercher une nuit, vers deux heures du mat. Ils nous avaient prévenus la veille que l'opération aurait lieu le lendemain dans la nuit. Alors toute la journée on s'est préparés. Bruce et Steven, ils étaient comme des oufs. Ils astiquaient leurs pétards comme des cow-boys ou comme des acteurs de films de cul. Ils préparaient les chargeurs de rechange et ils m'ont montré comment on nettoyait le canon à l'ancienne, à la inspecteur Harry. Moi ils m'ont pas filé d'arme parce que ça servait à rien. Dans

1. Hindous.

le van ils m'ont dit que je serais avec un autre keum de mon âge qui surveillerait les environs histoire qu'y ait pas d'enculés camés qui fassent tout disjoncter. Et puis à l'avant y aurait le chauffeur et un autre keum. On a attendu toute la journée. En fait, notre préparation, même en la faisant durer et en recommençant les mêmes trucs plusieurs fois de suite, ça a pas duré plus d'une heure. Le reste du temps il a fallu meubler. On a tchatché un peu avec Bruce et Steven. Mais dans les limites de ce qui était permis, de ce que l'honneur, la discrétion et le respect permettaient. J'ai appris qu'après ça, Bruce il voulait retourner au bled pour devenir agriculteur. Steven et moi on trouvait ça chelou mais Bruce il était convaincu. Il en avait ras le bol des combines, des racailles et des lascars, du béton et d'Armani. Les patates, il voulait les planter chez lui au lieu de les distribuer sur la gueule des keums qui lui plaisaient pas. Il disait que c'était du gaspillage et que sa religion lui interdisait de gaspiller les trucs à bouffer. Alors son paradis, c'était juste un morceau de son bled, là où il était né, avec une femme qu'il trouverait en arrivant, des gosses qu'il ferait en restant et des patates qu'il planterait pour pas repartir. Steven il a pas dit ce qu'il ferait avec la thune. Il voulait pas qu'on sache. Et moi j'ai sorti la mer et le paradis. Là non plus ils ont pas eu l'air de comprendre.

Ils ont juste rigolé et Steven m'a balancé une petite claque sur la joue.

On a attendu encore en se regardant dans le rouge des yeux et les autres mecs ont fini par débarquer. Ils ont fait le signe de reconnaissance avec les phares de leurs caisses. Y avait le van où je serais et une autre caisse, tous noirs. Nous on surveillait par la fenêtre et on les a pas loupés. Ils auraient même pu les oublier les phares. À cette heure-là y avait pas grand monde dehors. On était tous un peu excités. Moi j'avais la rage parce que Nadia elle serait pas en renfort à m'attendre avec ses grands yeux. Je suis monté dans le van et Bruce et Steven, ils sont montés dans l'autre caisse. On s'est tirés. Pas trop vite sur l'autoroute pour pas se faire serrer par les flics. On respectait les vitesses autorisées. Moi, j'étais à l'arrière du van alors je voyais pas exactement où on était. Y avait juste une petite fenêtre sur le côté mais elle était teintée. Je sentais qu'on tournait de plus en plus et qu'on roulait moins vite alors j'ai compris qu'on était arrivé à Paname. Personne m'avait dit dans quel quartier ça devait se passer. Et puis très vite on a stoppé. Je flippais comme un ouf. Le mec à côté de moi je lui ai pas adressé la parole une seule fois. Il flippait lui aussi je crois parce qu'il transpirait comme une vache qui sait qu'elle va devenir un steak.

Le keum qui était assis devant à côté du

chauffeur est sorti et il est venu derrière pour me montrer le détonateur. Il m'a expliqué vite fait comment ça fonctionnait et il m'a montré le petit bouton rouge. C'est ça qui commandait l'explosion. Y avait rien d'autre à foutre. C'était un boulot peinard finalement. Ça m'a déstressé un peu. Il m'a aussi répété qu'il fallait surtout que j'attende qu'on me file le signal par portable. Le keum à côté de moi il devait surveiller par la fenêtre du van et rester en contact radio avec un des trois de la bande, ceux qui étaient venus dans l'appart. Steven et Bruce je savais pas où ils étaient et ce que c'était que leur rôle.

Je me rappelle du silence cette nuit-là. Y avait pas un bruit. Personne parlait. Moi je tremblais. À cause du froid aussi. Je m'étais pas assez couvert. Mais je restais concentré, les yeux fixés sur le bouton et je vérifiais toutes les deux secondes que le portable captait bien. Et puis il a sonné. J'ai décroché et le keum au bout du fil m'a dit : « Vas-y. » Alors j'ai appuyé sur le bouton rouge. Et ça a pété, ça c'est clair ! Et ça a tellement pété que le van il a été éventré lui aussi. Et nous avec. Ces enculés, ils avaient trop chargé niveau explosifs. La bombe artisanale elle avait pété dans les mains des artistes. Et dans les nôtres aussi du coup. La bijouterie, elle a explosé en mille morceaux la putain de sa race ! Nous on a été projeté je sais pas où mais le keum à côté de moi il avait pas l'air au top de sa forme. J'ai su après qu'il avait crevé dans l'explosion. Mais je le vois encore allongé à côté avec de la ferraille dans son crâne fendu. Moi j'ai pas été assommé, j'étais juste sonné, comme quand on te fout une violente patate dans la tête. Le van était renversé et moi j'avais encore le putain de portable dans la main. Je sais plus où je saignais mais je saignais grave. Mes mains et mes jambes étaient rouges et je pouvais plus bouger mon cul.

Les keufs ils sont arrivés direct. Je me souviens : j'entendais les sirènes qui se rapprochaient. Je les ai vus foncer sur moi avec des flingues à la main. Je leur ai dit que j'avais juste appuyé sur un bouton ! Le débile... Là un flic m'a attrapé et il m'a mis un coup de pompe dans les côtes. Le con, il était en train de vérifier si j'étais pas mort pendant que je lui parlais ! Ensuite il m'a mis les menottes et je me suis évanoui. Je me rappelle quand mes yeux se sont fermés : y avait l'autre keum avec le bout de ferraille dans la tête et je voyais de la bave lui sortir de la gueule.

L'opération paradis elle était partie en fumée.

15

À l'hôpital les infirmières m'ont dit que tout le monde avait clamsé sauf moi. Bruce et Steven ils étaient partis rejoindre leur paradis je sais pas où c'était vu qu'ils ont jamais voulu me le dire.

Mais le problème c'est qu'y avait eu plein de morts et pas que chez nous. En fait les deux appartements au-dessus de la bijouterie avaient éclaté. Deux familles sont mortes sur le coup. Ils étaient tombés par terre avec leurs appartements. Ces bourges-là, ils avaient pas eu de cul putain. Les poissards. Eux aussi ils se sont retrouvés là au mauvais endroit au mauvais moment. C'est ça d'habiter un quartier de riches, ça attire forcément les pauvres, et pas que les plus gentils.

La bombe elle avait tout déchiqueté. Il paraît que ça ressemblait à Falloujah. Au total y a eu douze morts, dont deux femmes et quatre enfants. Et moi j'étais un rescapé de la terreur. À l'hosto, deux flics surveillaient la porte de ma chambre. J'avais la télé et je pouvais voir les journalistes qui attendaient dehors avec leurs putains de caméras. Mais y avait plus rien à filmer sauf des morts et moi. Les deux flics de ma porte ils avaient toujours la main sur le pétard. Ils jetaient un coup d'œil de temps en temps pour voir si j'étais encore là. Mais j'étais pas Spiderman, je pouvais pas me tirer par la fenêtre et sauter sur l'immeuble d'en face. Et puis y a eu les défilés. Les médecins ils en avaient rien à branler de ce que j'avais fait. Ils s'occupaient juste de ma jambe qui avait pas l'air en forme. C'est clair, je la sentais plus. Et puis y a eu les flics qui me cassaient trop les couilles. Ils me parlaient de trucs que j'avais jamais entendus. Ils me demandaient qui c'étaient les autres keums, d'où ils venaient et tout. Moi je leur disais que c'était Bruce et Steven, les autres je savais pas. Ils me demandaient si je me foutais de leurs gueules mais je répondais que non, que c'était comme ça que je les appelais. Ils avaient jamais vu les deux pièges ou quoi ? Celui en haute mer et celui en cristal ? Mais il en manquait un troisième de piège, c'était celui de la cité ! Ç'aurait été un bête de film celui-là, avec moi en vedette qui aurais joué avec les plus grandes stars de la terre. Et ma cité ce serait devenu Hollywood-sur-Oise, avec Jennifer Lopez et Tom Cruise qui débarquent en RER de la gare du Nord pour venir tourner dans les caves avec des piquouses en plastoc et des faux seins bourrés de capotes. Mais on leur aurait sûrement offert de vraies piquouses et des capotes fabrication et putréfaction locales !

Aux keufs, même si j'avais voulu je pouvais pas leur en dire plus sur les tenants et les aboutissants, la noble cause, tout ça. Parce que les autres peut-être qu'ils étaient trop cons pour réussir un coup pareil sans flinguer tout le monde et eux avec, mais ils étaient aussi pas assez cons pour discuter de leur bizness avec un petit enculé de tox de fils de pute !

Ma piaule de l'hosto, c'était devenu une annexe du commissariat. Y avait tous les kisdés de Paname et des juges aussi je crois. Paraît que c'étaient les boss de l'antiterrorisme. Ils transpiraient tous à donf à cause des machines et du chauffage et ils me saoulaient à mort avec leurs salades de terrorisme. « Terrorisme, terrorisme » ils répétaient. « Et l'organisation dans tout ça ? » ils me demandaient. Moi je leur disais qu'on était que des losers et qu'on avait voulu braquer une bijouterie pour reverser du cash à l'organisation. Mais je savais pas ce que c'était cette putain d'organisation. Ils me croyaient pas du tout. Alors ils ont envoyé les gros bras. C'étaient des super gros flics en civil avec des calibres sur le bide que même un aveugle aurait pu voir tellement ils faisaient exprès de les montrer. Ils sont rentrés dans ma chambre, ils ont viré la petite infirmière noichi[1] et ils ont fermé la porte derrière eux. On était juste tous les trois. Là y en a un qui s'est approché de ma tête et qui m'a dit que si je lui en disais pas plus, il allait m'exploser le crâne, ici et tout de suite, et que ça allait lui faire plaisir d'exploser le crâne d'un enculé comme moi. « Fais-moi plaisir », il répétait avec son Magnum 357 dans la main. Mais moi j'ai pas parlé alors son pote est arrivé. Il a soulevé le drap, il a sorti son flingue et il a appuyé comme un ouf avec la crosse sur ma jambe à moitié crevée. Mais pas de bol, les toubibs, ils l'avaient endormie et j'ai rien senti ! Le gros bras il était dégoûté. Il a voulu recommencer avec mon autre jambe, et pile à ce moment-là, l'infirmière noichi est arrivée et ils ont été obligés de détaler comme des lapins. Les gros bras, ils ont fait leur regard comme dans les polars de la télé. Style on se reverra et tu passeras un sale quart d'heure. Mais je les ai jamais revus traîner à côté de ma jambe ces bouffons.

À la télé tout le monde disait que j'étais un dangereux terroriste qui a été arrêté par les as des as des superflics. Et on les voyait, les as des as, montrer leurs gueules à la téloche devant les

1. Chinois en verlan.

journalistes aux gros seins. Ils étaient en vrac. Ils auraient pu raconter n'importe quoi pourvu que la journaliste avec les gros seins qui dépassent elle revienne les voir pour les interviewer. Moi aussi j'étais en vrac, et aussi un peu dégoûté parce que l'infirmière noichi elle avait pas des gros seins, elle. Elle en avait même pas du tout des seins. Mais bon, elle était gentille. Je sais même pas quelle voix elle avait parce qu'elle me l'a jamais montrée.

Donc la télé elle parlait d'une grosse organisation terroriste démantelée par la police française. Ils disaient que de dangereux assassins avaient été retrouvés morts et que c'était bien fait pour eux. Ils ont même montré une fois les portraits de Bruce et de Steven. Leurs mères, je sais pas où elles étaient mais elles devaient pas être fières. Et puis ils ont parlé de moi. J'étais le seul terroriste survivant, un miraculé du terrorisme mais il aurait mieux valu pour la société que je crève avec les autres. Ils disaient que j'étais un petit lascar des cités recruté par le grand banditisme pour servir la cause des terroristes palestiniens et irakiens et iraniens et libanais et afghans et mondiaux. Et puis après tout le monde a parlé de ça parce que, paraît-il, les journalistes allaient de révélation en révélation. Ils ont raconté que les cités sont blindées d'accointances entre les paumés, les drogués et le terrorisme international. Que l'argent du shit va alimenter des caisses grises et noires qui vont servir à poser des bombes artisanales style 11 Septembre. Ils parlaient de Ben Laden qui était une sorte de Spiderman géant avec une grosse barbe emmêlée dans sa toile. Et Ben Laden il avait des bébés dans toutes les cités pourries du monde. Et puis y a aussi une meuf qui a parlé de moi en disant que j'étais un mec issu de l'immigration, style un Rebeu, et que mon père, il avait des racines profondes dans le terrorisme du bled algérien. Là ils m'ont eu les bâtards parce que je savais pas ça et c'était peut-être vrai. Mais après y a un autre expert du terrorisme algérien qui a dit que non, que c'était pas vrai l'histoire de mon daron et que j'étais juste un mec qui avait pas de daron, donc qu'il fallait arrêter de dire n'importe quoi sur le terrorisme algérien. Et la meuf qui avait parlé de moi et de mon père elle était dégoûtée parce que le keum du terrorisme algérien, il lui avait niqué son coup en deux secondes.

Les ventouses du JT elles s'enflammaient comme des malades. Soi-disant qu'Al-Qaïda était juste en bas des barres et des tours. Et y avait qu'à baisser les yeux pour mater le terrorisme qui poussait comme une fleur dans le béton. Les journalistes faisaient style on est des purs détectives et on remonte les pistes à la Colombo. En fait ces bâtards remontaient juste leurs braguettes parce qu'ils avaient peur qu'on voie que c'étaient des enculés. Les superflics ils avaient réussi à serrer des keums qui me connaissaient parce que je m'étais enfoncé une ou deux piquouses avec eux à l'époque. Et ces tox ont raconté que déjà avant j'étais un enculé de sale mec violent qui pensait qu'à se shooter et à violer des meufs. Ça me crève le cul ça. Je sais pas combien de sacs de crack ils ont réussi à négocier en échange de leurs mitos. Et puis après y a une émission qui a voulu interviewer ma mère chez elle pour qu'elle leur refile des renseignements sur moi, sur comment j'étais quand j'étais gosse et à partir de quel moment je suis tombé dans le terrorisme. Ils ont monté toute une combine pour aller la pécho chez elle, dans ma tour. C'était du direct. Moi sur mon lit d'hosto je les voyais monter par les escaliers parce que l'ascenseur il devait encore être niqué. Mais quand ils ont sonné chez ma mère elle a ouvert et puis direct elle a claqué la porte. À la télé on voyait la gueule du présentateur se décomposer. Moi j'étais content parce que ma mère, elle leur avait mis un gros vent à tous ces bouffons qui étaient venus troubler son business de cul à cause de moi. Elle leur a sorti un artifice de pute et elle a bien assuré. Mais les journalistes, ils l'ont quand même bien baisée au final, façon de parler pour une fois, parce qu'ils ont raconté partout que c'était rien qu'une pute qui avait enfanté un bâtard de terroriste international lié au grand banditisme des banlieues de Paname. Et comment on va croire un bâtard de fils de pute, ou bien alors une pute tout court ? Ben on les croit pas.

Le procès approchait et c'était la grande fiesta. L'infirmière noichi avait dû demander du renfort pour faire la police à ma porte. Les toubibs, ils voulaient pas laisser rentrer n'importe qui, surtout les superflics qui revenaient à la charge toutes les deux secondes. Je crois qu'ils avalaient pas tous les mitos qu'on balançait sur moi les toubibs. Faut dire qu'ils avaient des dossiers spéciaux, style avec les renseignements sociaux et tout. Mais bon, c'est pas eux qu'on interviewait.

Moi je leur disais putain que c'était juste une bijouterie et que la thune elle serait reversée à des causes humanitaires, les enfants et le reste. Rien à faire. Ils voulaient savoir qui était le boss d'Al-Qaïda dans ma cité. Ils voulaient les noms de ceux qui disaient Allah Akbar et qui dirigeaient les mosquées clandestines au fond des caves, les leaders du groupe des convertis et de tous les rats qui vont prier dans le noir parce qu'ils sont allergiques à la vraie lumière. Ma parole, ils étaient sûrs que j'étais rebeu mais que je dissimulais ma vraie identité sous un visage de contrebande. Dans ma chambre d'hosto, ils ont même fait venir un profiler, style Pascal Légitimus. Et puis aussi un spécialiste des réseaux intégristes et terroristes liés au grand banditisme international. Et puis des spécialistes de Ben Laden avec des barbes encore plus grosses que la sienne si c'est possible. Et puis des experts des camps d'entraînement et des transferts en première classe la cité-le Pakistan. Ils étaient tous gonflés à bloc. Et puis les superflics, ils ont ramené un spécialiste de tout, genre dico sur le terrorisme mondial, et lui il racontait qu'il avait rencontré des tas et des tas de terroristes dans sa vie et dans le monde et que je correspondais bien au profil psychologique. Mais ce mec je me demandais comment il pouvait être spécialiste là-dedans vu qu'il mesurait même pas un mètre trente les bras levés et qu'il avait des lunettes grosses comme le fond des bouteilles de Heineken, avec des plaques de boutons épaisses comme des barrettes de shit sur la gueule. Les grands terroristes intégristes liés au bandits mondiaux, moi je les vois pas du tout tchatcher avec ce mec-là. Ils lui auraient mis direct des grosses patates sur ses barrettes de shit et le keum il serait rentré chez sa mère en bouffant des cacahuètes. Alors le grand spécialiste mondial il m'a posé ses questions et je lui ai dit que je comprenais pas. Il a recommencé et je comprenais toujours pas ce qu'il voulait me dire. Alors il m'a demandé cash : « Êtes-vous lié à Al-Qaïda ? » Moi j'ai répondu que non et que je savais juste que c'était Ben

Laden qui avait lancé les avions sur les tours plus grandes que la mienne. Et puis il m'a demandé où j'étais et ce que je faisais précisément le 11 Septembre. Moi je lui ai dit que précisément je m'en rappelais plus parce que j'étais défoncé, mais qu'à l'époque j'étais tox et qu'y avait donc de grandes chances pour que je sois dans une cave de la cité en train de me cramer la tête. À ce moment-là d'autres superflics sont rentrés dans la chambre. Ça se voyait que c'étaient des flics importants parce qu'ils étaient en costard avec une cravate. Direct ils ont attrapé le spécialiste et ils lui ont demandé s'il savait qui j'étais exactement. Le spécialiste il a baratiné que oui, il savait qui j'étais. Il a commencé par dire que j'étais un mec de l'ombre et que j'étais très certainement lié au terrorisme international intégriste rebeu et banditiste parce que je connaissais bien Ben Laden et Al-Qaïda et que j'avais aussi très certainement des liens étroits avec son organisation mondiale à travers les filières de drogue de l'Afghanistan. Et puis il a raconté que j'avais pas l'air important comme ça mais que justement la grande force des réseaux terroristes intégristes de l'islam, c'était de recruter des mecs qui avaient pas l'air important, exactement comme moi, histoire de brouiller les pistes qui étaient déjà très floues. Et il a fini en énumérant tous les terroristes très connus du monde islamique musulman rebeu liés à Al-

Qaïda et en même temps au très grand banditisme qui ressemblaient dans la vie normale à des mecs normaux. Tout ça, il a dit, c'était une leçon du 11 Septembre. Les flics en costard ils avaient l'air content de ce que racontait le spécialiste. Et quand ils sont tous sortis de ma chambre, y en a un qui s'est retourné et qui m'a lancé : « Ton compte est bon ! »

16

Quand je suis sorti de l'hôpital, j'ai été direct à la case prison. Et comme je le disais, j'ai pas trouvé le tas de cartes où on peut piocher pour en sortir. En prison ma première impression c'est que la lumière et le paradis, je les avais bien ratés. En fait c'était comme dans le métro : j'avais pris la mauvaise correspondance. C'est de là que j'écris maintenant. Y a plus de métro pour aller dans l'autre sens.

Au procès ils m'ont refilé un avocat de loser, un petit enculé commis d'office qui sortait de sa crèche, un minable avec des lunettes épaisses comme les premiers téléphones portables. Tout ça juste parce que j'avais pas de cash pour me payer un professionnel, un mec au top qui m'aurait tiré d'affaire en deux coups de tchatche. Je crois qu'il avait mon âge le mec, ou pas loin. Il m'a crashé comme un Boeing. Dans l'autre camp ils ont ramené tellement de preuves que ça faisait une montagne haute comme le mont Blanc mais sans la neige. On aurait même pu faire un tunnel dedans. Y avait entre autre des vieilles seringues pourries, des déclarations de keums que j'avais connus quand je me camais, la fiche d'identité de ma mère, mon casier judiciaire où y avait marqué deux ou trois embrouilles minables où j'avais vaguement trempé. Un moment j'ai même cru qu'ils allaient ramener un morceau de l'arbre déraciné au bout du chemin avec des vieilles capotes dans un sac en plastique et dire que c'était moi qui avais violé toutes les meufs de la cité. Et puis le grand mec qui m'accusait, il a fait son speech devant le jury. En gros il a dit que je méritais la peine de mort mais que comme y en avait plus fallait faire avec ce qui restait de pire, c'est-à-dire perpète.

Ils avaient invité ma mère. Elle est venue mais elle a rien dit de spécial. Elle a juste chialé comme une ouf en me voyant. Et puis elle s'est évanouie alors les mecs de la sécurité sont venus et ils l'ont emmenée. Comme l'a dit le mec qui avait failli lui poser les questions, de toute façon son témoignage était nul parce que c'était une pute. Il avait pas vraiment dit ça mais j'ai bien compris, et toute la salle aussi, que c'était son idée. Et la justice, elle écoute pas les putes et elle croit pas les fils de pute. Pendant ce temps ceux qui étaient dans le jury ils faisaient la même gueule que si j'avais buté toutes leurs mères à eux.

Et puis y a eu Nadia qui est venue parler. Elle était encore plus belle que la dernière fois. J'ai menti quand j'ai dit qu'au Surcouf, la brasserie de la gare, c'était la dernière fois que je l'avais vue. La dernière fois c'était au procès, mais elle compte pas celle-là. Elle me regardait droit dans les yeux en répondant aux questions. Elle a juste dit que j'étais un mec bien qui l'avait invitée un jour à boire un chocolat au lait. Alors le mec qui interrogeait lui a demandé si elle m'avait pas trouvé bizarre. Elle a répondu que non, que j'avais été très gentil avec elle. Il a demandé de quoi on avait parlé et j'ai pensé qu'elle allait sortir le coup du paradis et de la mer. Mais non, elle a juste dit que je voulais l'emmener en vacances dans un bel endroit. Stop. J'avais envie d'exploser le box où on m'avait posé et de bondir pour l'embrasser. Je pleurais. Sérieux, je pleurais comme une meuf. Et Nadia, comme elle m'a vu pleurer, elle s'est mise à pleurer elle aussi. Tous les mecs juges ils ont grillé le truc. Si elle pleurait, c'était forcément parce qu'elle avait un lien étroit avec moi. Donc son témoignage valait que dalle puisqu'elle était complice. Mais ça faisait rien, j'en avais rien à foutre du témoignage moi. Je la voyais juste elle, devant moi, à mitoner comme une folle juste parce qu'elle voulait pas m'enfoncer. Merci Nadia, j'oublierai jamais ce que tu as fait pour moi. Et juste entre nous, comme je te l'ai jamais dit et qu'il faut que tu le saches, et ben je t'aime, voilà. Tu es la première personne au monde à qui je dis ça.

Et Nadia elle est partie. De mon coin je voyais ses joues briller parce qu'elle avait pleuré et qu'elle pleurait encore. Je me suis mis à penser à la mer et au sable que je verrais jamais.

Je sais pas si quelqu'un a déjà remarqué mais Nadia en verlan ça fait Diana. Comme la princesse. Bien sur que c'est une princesse ma meuf. J'espère qu'elle montera jamais dans une Benz.

Après ils m'ont fait venir à la barre et ils m'ont interrogé. J'étais installé à côté du juge en face de la salle. Le mec qui m'accusait m'a encore demandé ce que je savais de l'« organisation » et de ce qui était prévu avec la thune et j'ai dit que je savais rien, sauf que ça devait servir à des causes d'humanité. Il m'a ensuite demandé si je connaissais les « dangereux individus liés au terrorisme international » qui étaient sur la photo et j'ai dit que non. C'était vrai : ces keums, je les avais jamais vus de ma vie. Il m'a ensuite montré la photo de Bruce et de Steven avec les trois autres keums, ceux qui étaient venus à l'appart, et là j'ai dit que je les connaissais. Ils m'a demandé si je savais qui ils étaient exactement et j'ai répondu que non. Dans la putain de salle, tout le monde s'est marré, même le juge qui me regardait de haut.

« Vous êtes un terroriste » il m'a dit en ouvrant ses gros yeux sur ma face. Moi j'ai eu l'impression qu'ils allaient me gerber dessus. « Non » j'ai répondu en essayant d'ouvrir moi aussi mes yeux, au maximum. Mais là j'ai fait flipper tout le monde je crois. Je l'ai senti direct. Y a une meuf du jury qu'a failli se casser en deux par terre tellement elle a sursauté. « Si », il m'a dit le mec qui m'interrogeait. Et comme ça aurait pu durer des plombes, j'ai compris que quoi que je dise, c'était lui qui aurait le dernier mot, alors j'ai répondu : « O.K. c'est moi. » Et là la salle du tribunal s'est mise à chuchoter, et puis y en a qui ont crié, dans le fond surtout. Et puis le juge a récupéré la parole et il a dit que tout le monde devait fermer sa gueule, se calmer et se rasseoir, sinon il allait tous nous dégager. Il était rouge, le juge, comme dans le bureau avec les seins de Marianne.

Après ils ont continué à me poser des questions. « Tu voulais quoi ? » il m'a demandé le même mec. Je lui ai dit que je voulais juste tremper un peu mon cul dans une mer de « youroses », des euros quoi, j'ai prononcé comme les cainris[1]. « Dans la mer d'Iroise ? Pourquoi la

1. Ricains en verlan, Américains.

mer d'Iroise ? Qu'auriez-vous fait là-bas ?» il m'a demandé l'abruti. Moi j'en avais rien à branler de la mer d'Iroise, ce que je voulais, c'était palper les youroses, culbuter les dollars, comme les lotus sur les nénuphars, sur la vaste mer du genhar[1].

En fait, j'ai fait que répéter ce que j'avais déjà dit à tous les bouffons d'experts et de spécialistes du grand terrorisme, c'est-à-dire que j'avais été embarqué par Bruce et Steven pour appuyer sur un bouton. La bombe, j'ai dit qu'elle devait servir à faire péter la vitre, point. Et que les appartements qui s'étaient cassé la gueule dans la rue, c'était un putain d'accident, mais que moi j'y étais pour rien. Et là, celui qui me posait les questions il a ramené son visage juste en face du mien et il m'a demandé ce qui se serait passé si j'avais pas appuyé sur le bouton. Putain il m'a bien niqué j'avoue. J'ai rien répondu. Alors le mec il a fait un grand sourire au jury et il a dit que si j'avais pas appuyé sur le bouton tout le monde serait encore en vie au moment où il parlait. Du coup tout le monde s'est mis d'accord pour dire que c'était moi le principal coupable dans cette affaire.

Au moment où ils allaient lâcher le verdict, vu

1. Argent en verlan.

la gueule que le jury tirait, j'ai compris que c'était mort. Et puis le verdict est tombé comme un putain de tas de plomb. Pour résumer, ils ont dit : supercoupable de complicité de terrorisme avec le grand banditisme des Rebeus qui ont la diarrhée tellement ils foutent la merde partout où ils passent. J'ai demandé à mon avocat ce que ça voulait dire mais il m'a dit qu'il fallait pas discuter avec la justice populaire quand elle rendait un verdict de cette importance. Et puis il m'a dit que ça servait à rien de faire appel parce que mon cas était bidon et que lui, de toute façon, il avait jamais cru en moi et qu'il avait fait le boulot parce que ses parents avaient voulu qu'il soit avocat et qu'il en avait rien à branler de la justice. Lui, son rêve, c'était de faire du bizness dans le droit avec les banques et les trucs comme ça. Et puis il s'est barré en me disant bonne chance pour la zonzon, que j'y serai bien parce que ça pouvait pas être pire que là d'où je venais avant d'être un dangereux terroriste international lié à Al-Qaïda. Et je suis parti avec les flics rejoindre ma nouvelle baraque. L'avocat il avait raison en plus, c'est vrai que c'est pas pire que là où j'étais avant.

C'est la psy qui m'a expliqué que c'était bien pour moi et ma tête de lâcher tout ce que je voulais dire par écrit parce que ça m'aiderait à y voir plus clair dans l'obscurité de mon cœur. Elle a dit un truc comme ça, j'ai pas trop compris. Et puis elle m'a donné le mot technique pour tout ça. Ce mot, c'est un truc comme catalepsis, carsatis, un truc comme ça quoi. Au début ça m'a fait flippé. J'ai dit à la psy que je pouvais pas faire ça mais elle a répondu que si, que c'était ce qu'il fallait faire. Alors je lui ai demandé si elle allait le lire et elle m'a dit que c'était comme je voulais. J'en savais rien moi. J'ai réfléchi un peu et puis finalement j'ai dit « O.K. ». Elle pourra le lire.

J'ai écrit pendant des jours et des jours. Les nuits aussi j'ai écrit parce que mes yeux ils étaient tellement remplis de noir que je voyais pas la différence.

Je sais pas combien de temps j'ai écrit. J'avais jamais écrit si longtemps putain. Ça m'a niqué la main mais j'ai dit tout ce que j'avais à dire. J'ai écrit comme un dingue, j'ai écrit sur Nadia, sur la came, la cité, ma vie et mon enfer. J'ai écrit ce que j'avais dans les couilles et sur le cœur. J'ai écrit sur ma mère. J'ai écrit mon histoire. J'ai pas relu. Rien du tout. J'aime pas relire parce que j'ai l'impression de faire une rédaction. Mais la psy c'est pas ma prof. C'est une étrangère. Elle va pas me noter. C'est pour mon bien elle a dit. Et puis je m'en branle qu'elle lise les trucs de cul sur ses seins gros comme des mérous et sa jupe bleue tout ça.

Ça fait chelou d'écrire tout ce qu'on a sur le cœur. Mon cœur il est rempli de merde et c'est pas facile de transformer tout ça en mots. Je sais pas si j'ai réussi. Je vais voir. Je la vois demain à neuf heures. Je flippe un peu mais oui, ça y est j'ai fini. Y a des tas de pages et des tas de mots. Y a Nadia surtout. C'est la seule qui compte maintenant au milieu de tous mes maux. Elle est là dans mes pages. Elle était dans ma main quand j'ai écrit. Y a des morceaux d'elle dans tous les mots. Et la psy elle saura tout de notre histoire. Nadia et moi on crèvera pas comme ça. Y a la trace d'amour sur ma merde de vie. C'est écrit blanc sur noir. Je me dis que je la reverrai dans le futur Nadia. Mais c'est trop loin le futur. Ça arrive qu'à ceux qui ont déjà un présent. Moi j'ai rien qu'un passé et c'est déjà dur de composer avec.

Je vais dormir et demain peut-être quelqu'un d'autre saura qu'on a existé. Inch'Allah comme ils disent les Rebeus.

J'aurais juste voulu être un homme dans ma vie. Pas un terroriste.

Ce volume a été composé
par IGS-CP à L'Isle-d'Espagnac (Charente)
et achevé d'imprimer en mars 2006
par ***Bussière***
à Saint-Amand-Montrond (Cher)
pour le compte des Éditions Stock
31, rue de Fleurus, 75006 Paris

Imprimé en France
N° d'édition : 70945. – N° d'impression : 061236/4.
Dépôt légal : mai 2006.
54-51-5912/8
ISBN : 2-234-05912-7